林知己夫の生涯

データサイエンスの開拓者がめざしたもの

丸山久美子

新曜社

献辞

本書を在りし日の恩師林知己夫先生に捧げる

神々の静寂の上に長く視線を投げて
おお、思索の後の、心地よい、この返禮
——ポール・ヴァレリー「海辺の墓地」鈴木信太郎訳
(ヴァレリーの墓碑銘)

はじめに

林知己夫《ちきお》の生きた時代（一九一八－二〇〇二）は、若者が戦争に駆り出され、国破れて途方に暮れる暇もなく、大半の国民は生きるために額に汗して働き、経済大国にのし上がった時代である。現在では、大半の人たちがこの時代の労苦を忘れている。だが、この時代を生きた人たちの多くは、日本という国のありようを大切に思い、みずからのうちに培われている底力の総力を発揮して、国家の危機を救ったという自負心を持った人たちである。

戦後の研究者は、多かれ少なかれ、決して人まねで物事を考えない、あるいは物を作らない、二番煎じを恥とし、常に独創的な考えや発想を重視し、他者に理解されようとされまいと、それを前面に押し出し、他者からの反論に対しても妥協することなく、信じてそれを守り抜くという、頑なまでの心情に徹していた。なかでも林知己夫は、研究に対して徹底的に人の真似をすることを嫌った。他の研究者の研究論文を読むことさえ禁じたほどである。とはいっても、次々と新しい独創的な考えが湧いてくるものではない。林は一度考えついた理念や概念を大事にして、のどがカラカラに乾き、鉛筆を持つ手がしびれるまでして、多くの人たちに知ってもらおうと努めた。さまざまな視点から論文や本を書きつらねる。その間の努力には敬服に値するものがある。

反論者が現われれば現われるほど意気盛んになる。林知己夫はそんな学者であったから、周辺には多くの敵もいた。戦いを挑んでくる人たちと熱心に議論し、判じ物のようなデータの羅列から、そこに潜んでいる真実を探り当てるために全力を傾注して取り組み、何ごとにも倦むことがなかった。

しかし、少し油断するとデータのなかに潜んでいる「悪魔・デーモン」が黒いマントで光を覆い尽くし、そこに存在する真実を見えなくしてしまう。何も見えない暗闇のなかを手探りで歩いてゆくようなこともある。そのような状況を知っているがゆえに、日々、切磋琢磨して目を凝らしながら、データのなかに隠れ潜んでいる真実を探り当てなければならない。これが、林知己夫がデータと対峙する時に最も重視した態度であり、テーゼであった。

一九五六年に発表した「数量化理論の根本概念」という論文は、林知己夫の数量化理論として巷に普及し、一時、マーケティング関連分野に深く浸透した。当時の人たちは林の厳密な社会調査法やサンプリング理論を徹底的に学習した。しかしその後しだいに、社会はこのような手のかかる統計手法を離れて、簡単に大型計算機に依存する方向に次第に移行していった。しかしそれでは、データに潜む悪魔とは戦えない。これは現在のデータサイエンスに関わる研究者の多くにみられる一つの陥穽である。それを指摘し、声高に忠告しつづけた林知己夫のデータを扱う研究者への警告こそ、彼の最大の特徴であると言っても過言ではあるまい。彼は、このような心情を大切にして、

「データの科学」、文字どおりデータサイエンスに没頭して、多くの人間行動の真相に触れ、データサイエンスの本質に迫ることができた。

今日のデータサイエンスは、コンピュータの劇的な発展とともに、統計数理的方法論やデータ解析は単なるツールであり、コンピュータのなかで何が行なわれていようと頓着なく、最終的に出てきた結果だけを大切にし、それに満足する風潮が強い。現代社会は、多くのデータが巷を駆け巡り、人はそれに幻惑され踊らされている。今後、ますます「データとは何か」を深く考える余裕のないデータサイエンティストを志す人々が増加し、社会がデータ化すれば、何人の人が林知己夫が真摯に取り組んだ「データの科学」を理解しうるであろうか。

これからの社会は統計学が支配する社会になると予測する統計学者の書いた書物がベストセラーになる時代である。さらに、ネットから得られたデータから個人のプライバシーが侵害されると予測する統計学者もいる。この点に注目すれば、今こそ、真のデータサイエンスの思想に真摯に取り組む必要がある。そうすることによって林知己夫の統計数理に対峙する姿勢をおのずと理解することができるに違いない。

社会がデータ化された時、そこに真なるものにあらざる偽りのデータが我が物顔でのさばるとしたら、人間はただ、破滅の方向に向かわざるを得ない。コンピュータによって人間の知的好奇心は極度に先鋭化される。そこに一つの陥穽が潜み、デーモンが入り込み、データ化された社会は地底のどん底に落ちるであろう。そういう時代だからこそ、林知己夫が目指した真なる統計解析を理解し、それを実行しなければならないのである。

今、なぜ林知己夫の「数量化理論」なのか。この疑問に答えを見出すために、林知己夫の生きてきた生涯を俯瞰し、その理念を概容だけでも理解してほしい。今日のデータサイエンスの基礎を築いた知の巨人、今日のデータサイエンスの根本概念を考え抜き、積極的に現場に駆けつけ、実際にそこで得られたデータとともに歩み続けた統計学者・林知己夫の轍《わだち》をたどりながら、データサイエンスの本筋をともに学んでゆこう。

二〇一五年三月

丸山久美子

林知己夫の生涯——目次

装幀――虎尾隆

第一章　昭和初期の「その」時代

1　夢見る少年の誕生

一九一八年六月七日、東京市本郷区（現在の東京都文京区）駒込の林家に四男が誕生した。三人の兄や姉の五人きょうだいの末っ子の男の子であり、他のきょうだいとは年齢が離れていたせいもあって、一人っ子のように育てられた。名を知己夫《ちきお》といい、チキちゃんと呼ばれて、周辺の人たちに可愛がられ、何不自由なく幼年期を過ごした。鉄鋼関連の会社を経営していた父・隆一は非常に変わった発想をする人であった。海草から肥料を作る、川底の石をさらう船を建造するなどユニークな発想の持ち主で、ある時は実験室にこもってさまざまの実験に没頭して、特異な物作りの才にたけていた。長男も八幡製作所勤務の傍ら、鋼鉄仕上げの薬剤で特許を取得するなど、実践的な物作りの家系であった。

知己夫が五歳の時に関東大震災が勃発したが、既に家族は中野区東中野四丁目に引っ越していたため震災の直接の被害は受けなかった。

彼は地元の小学校を出ると西日暮里にある東京開成中学校に通うことになった。この中学校の気

図1-1　0歳頃の林知己夫

風は質実剛健、優秀な男子を育成し練磨する一方、極めて自由な雰囲気があった。彼は無類に本が好きな子供であり、読書に多くの時間を費やした。

中学校三年生の時に「校友会雑誌」[1]に掲載された「読書の楽み」という作文にその時の実感が明確に記されている。そこには食物を欠くことができないように、本を読むことは人として欠くことのできない楽しみであるという趣旨のことが連綿と書かれている。他の同級生たちの作文に比較して、極めて現実的であり、その時の思いを率直に記した平易な文章は、当時の気負った少年たちの夢を書き綴る作文とは一風異なっている。[2]

彼の生涯にわたる読書好きの萌芽をここに見ることができる。長ずるに及んでも読書は彼にとって三度の食事と同様に重要な糧となった。彼の読書観はまず第一に知識を獲得すること、第二に心の楽しみを得ることであった。読み終わった書物を積み上げて眺めていると、何だか一大事業をなしえたような喜びが溢れて、自分がまるで大発見をした偉大な学者になったような気持ちになったという。開成中学に入学した後、彼の部屋は本の山でうずまり、その一冊一冊を手にする時の喜びは何物にも代えがたい貴重な時間となった。彼を刺激した最も重要な人物は、哲学者・思想家で詩人であるフランスのポール・ヴァレリーと、東京帝国大学の物理学の教授で随筆家の寺田寅彦[3]であった。特にヴァレリーは彼の人生の羅針盤となった。

ヴァレリーが活躍したのは、フランス第三共和制の時代、第一次世界大戦の終わりごろから第二次世界大戦がはじまる前までの二〇年間で、近代フランス文学の花盛りの時期であった。とりわけ、一八七〇年前後に生まれた四人の作家、ポール・クローデル、アンドレ・ジッド、マルセル・プルースト、ポール・ヴァレリーは、ともに十九世紀末のフランスの象徴詩人ステファヌ・マラルメから強い影響を受け、十九世紀末のリアリズム・自然主義から全く離れた内面性・精神性の深い作品を生んだ。いわゆる、象徴主義といわれる作品を残した作家たちである。特にヴァレリーは主知主義で知られるが、内面に燃えるような感性を持った情熱的な人物であった（清水二〇一〇）。

あまりに晦渋な心性の持ち主であったヴァレリーに、中学三年生の林少年の心がおののきつつ傾倒したのは極めて異例といわなければならない。しかし、こうした難解な人物の思想に接し、その心底に横たわる詩人の魂の深淵に触れた時、彼は大声を上げてそこらじゅうを走り回りたい衝動、いわば狂気に似た陶酔に痺れたのである。彼がヴァレリーから学んだことは、ただ己れの感性によって詩を歌い、空の彼方へ限りない憧憬の眼差しを注ぐというものではなかった。詩人として名が知られたヴァレリーが、二〇歳の時に文学や詩作に嫌悪を感じて、突如、哲学者、評論家に変身

図 1-2
ポール・ヴァレリー（1871-1945）

し、知性の塊のような架空の人物テスト氏を創造したように、若い林は、美しく整備された数学的定理や詩・文学を打ち壊してゆく勇気や、真実を極める透徹した眼を持たなければならないという教訓をヴァレリーから学んだのだろう。

さらに物理学者寺田寅彦の感性と鋭い観察眼に心惹かれた少年は、いつしか自分は何をするべきかを理解することのできる年齢に到達していた。彼はいつの間にか、抽象数学のなかに潜んでいるある機械的なリズムに耳を傾けるようになった。このリズムを体得するすべはないものか、彼のうちに渦巻いたこのような感慨が、のちに理学部で数学を専攻する動機となった。文学にひかれながらも、あたかも両極にあるかのような数学を志望する彼のメンタリティには、ヴァレリーや寺田寅彦の感性が色濃く反映されている。自然科学における思想哲学は、物事を一筋に迷いなく突き詰める長い道程の果てに培われるもので、林少年の心には、ヴァレリーや寺田寅彦の教訓が故もなく広がり、無意識に心の奥深くに生き残り、それが後の「林知己夫」の精神に多くの影響を与えたのである。六〇歳になって当時のことを思い出し、彼は次のように書いている。

本だなに本を並べる仕方はいろいろあるに違いない。私は特に大事にしているものをある好きな個所箇所にまとめている。そのなかから何かと請われれば、私の性癖にぴったりしたりし、それを増幅し発展させた二冊を取り出す。これはれっきとした古典ではなく、いわば雑文集である。寺田寅彦の初中期の随筆集とポール・ヴァレリーの文集「ヴァリエテ」である。寺田寅彦の随筆集では「もの」の現象に対する見方を教えられ、その独創的な分析のしかたに強くひかれた。当時は唯それだけの事であったが、自分で研究を始めてみると、知らず知らずのうちに大いに影響を受けていることが分かった。研究論文等を見るとき、これにどんな意味があるのか、それは本物だろうかという気持ちが先に立ち、私にとって面白いかどうかを仕分ける、常に素朴に何が本当に大事かを考えてみるという行き方である。ヴァリエテの方は「心」の現象に対する視点、文明に対する態度、人間の行為に対する考え方について大変な影響を受けた。「精神の危機」、「覚書」に始まり、「レオナルド・ダ・ヴィンチの方法序説」に至るまで、息もつけぬ力に圧倒された。まさにこれあるかなと感じたのである。中島健蔵、佐藤正彰の白水社版である。その後の編集は文学的研究、哲学的研究、準政治試論、詩論と美学だのの区分けがあり、きれいごとで全く迫力がない。いくら堂々として仕上げたものでも、出来上がったものはもう死物で、これを打ち壊して新しく出直す勇気、気構えがなくてはならない。知的・身体的億劫と怠惰は最大の敵という事を知った。他人の褌《ふんどし》で相撲を取るな、自分の褌で相撲を取り、それで鍛えられ、身体が大きくなり、強くなれば、それにふさわしい身についた褌で相撲を取る。こうでなければ満足のゆく生き方ができないことを覚えた。話がこう発展してゆくのであるが、これがヴァリエテの私に与えた衝撃であった。(『日本経済新聞』一九七八年四月一六日夕刊)

工学系の家柄に生まれた彼が理学部で数学を学ぶことを決意するに至ったのは彼が魅了された

ヴァレリーや寺田寅彦の思想の影響が強い。少年時代の寺田は知的好奇心が人一倍強く、これまで人が無造作に放置しておいた事柄を熱心に考える気質と想像力に富んでいた。寺田は夏目漱石の高弟となり、他の弟子とは別格の扱いを受ける。数々のエッセイを世に出すが、「超常現象も科学が解決する」という強い確信を抱いていた。林も似たような傾向があり、後に行なう「お化けの研究」には、その実態を科学的に解明することができるという強い意欲に満ちていた。

2 音楽に傾倒する

林少年の趣味は読書のほかに音楽、特にフルートを吹奏することであった。フルートを教えてくれる教師がいたわけではない。長兄が吹いているのを聞いて魅了されたのである。全くの独学であった。彼は、マラルメの詩にフランス印象派の作曲家ドビュッシー(4)が曲をつけた「牧神の午後への前奏曲」を好んで吹奏した。彼は終生、クラシック音楽愛好家であり、特にフランス印象派の作曲家ドビュッシーに傾倒していた。なかでもオペラ「ペレアスとメリザンド」はお気に入りであった。

長じてからの林は、公式的な場以外ではネクタイを締めることがなかった。よほどの形式的な行事がない限り、普段はポロシャツというラフなスタイルである。ネクタイは首を絞められているような気がして、脳細胞に血液が回らず、脳の活性化を阻害すると彼は思っていた。そんなネクタイ嫌いの林が唯一大切にしていたネクタイピンがある。それは「ペレアスとメリザンド」を描いたフランス製の金のネクタイピンであった。このネクタイピンに出会うと、いつの間にか購入してしまう。その習性は、よほどの好事家でないと理解できないだろう。マラルメとドビュッシーは彼にとって渇いたのどを潤す一滴の清涼剤となった。

音楽は数学と密接に結びついている。楽譜を開くと、そこから流れでる音符の動きの規則性と美しい旋律に数学者は魅了される。だから、林の趣味はある意味で必然でもあった。

3　音楽とスポーツと読書三昧の日々

しかし、彼は本や音楽にのみ興じている内向きの少年ではなかった。東京開成中学校はスポーツにも力を入れており、彼は、陸上の選手であった。その後は水泳、ラクビー、相撲で汗を流し、大海を眺望するためにヨットに乗り、後にヨットで国体の選手にもなった。このように、研ぎ澄まされた運動神経と柔軟な身体の持ち主で、野外スポーツ万能、体を動かすのが好きな青年であった。長じてからは登山、山スキー、そして高齢期になっても、衰えぬ開拓精神によってダイビングを楽しんだ。

後に、雪の山奥を野うさぎの足跡を追ってその数を数える調査研究に参加したが、それは冬山での華麗なスキーではなかった。まさに山スキーと言えるもので、今日風にいえばクロスカントリー・スキーであり、滑って楽しむというより、山をスキーで登るので、体力の消耗は甚だしいが、彼は頓着なく山の頂上を目指して楽々と登り続けた。そして帰りは急斜面などものともせずに滑り降りて快哉を叫んだ。スイスへ遠征し、アイガー北壁下やマッターホルンの頂を滑り、毎日何キロもの高速滑走をこなした。さらに、ハワイでグライダー滑走を楽しんだが、それは彼が七〇歳を超えた時だという。

またNHKの世論調査に参加した（一九七〇年）ことで、愛宕山に通うことが多くなった。彼はそこで、「あたごコンサート」というアマチュア演奏者の発表会が年に二回開催されていることを知った。それに大いに賛同した彼は、二二年間休むことなく毎回参加した。後に七〇歳の手習いと称して若い頃のフルートからホルンに替えるのだが、練習熱心で、長足の進歩を遂げた。熱心に取り組む姿勢は、どのような分野においても変わらず、何ごとにも「楽しむ」

という一貫した姿勢を崩すことがなかった。

図1-3　あたごコンサートにて（2006年6月8日）
ホルンで「アルハンブラの思い出」を演奏

4　統計学者フォン・ミーゼス

東京開成中学校を卒業した林は、一九三六年、成城高等学校（旧制）理科に入学した。その年の十二月二〇日、父が病死し、長兄が彼の父親代わりをつとめることになる。時あたかも第二次世界大戦の機運が日本を覆い、若者たちは陸海の軍人になることを誇りと思うような風潮が日増しに強くなる一九三九年、東京帝国大学理学部数学科に入学した。彼は純粋数学でないというだけであまり人気のない「確率論」を専攻した。指導教授は解析学の泰斗・掛谷宗一であったが、確率論を手がけることを彼に許した。解析学の大御所が容認したことは、林の後の人生を決定的なものにした。掛谷には常に他人のまねごとをせず、他人が安易に興味を持つことにとらわれず、オリジナリティを大事にするという根本姿勢があった。文献に頼らず、自分でじっくりと物事を考えるのである。掛谷はその着想の秀抜なことで有名で、彼が外国人学者と同じことを考えたとしても、彼独自の着想であり、外国人学者の文献を読んで類似のことをしているのではないという定評があった。掛谷の正数係数の方程式の根の限界に関する研究は「掛谷の定理」として世界的に知られている。

図 1-4
フォン・ミーゼス（1883-1953）

図 1-5　掛谷宗一（1886-1947）

彼のユニークな着想に関する数々のエピソードは、同僚であった人々が語っている（新井二〇〇〇）。そして、掛谷は連立微分方程式に関する一連の研究で、帝国学士院恩賜賞を受賞した。これら一連の研究は掛谷の特異な才能からほとばしり出た独創的なものであった。学生に対しても掛谷は他人の論文を極力読むことを禁じ、林にも自分流の考えを大切にして人と異なる論文を書くことを命じた。しかし、そのころ、とてつもなく独創的な数学者としてフォン・ミーゼス(5)の「確率論、統計学と真実」(一九三九)を読んで「涙を流さんばかりに感激」していた林は、掛谷に隠れて、こっそりとフォン・ミーゼスの著作を読み漁った。

5　陸軍航空技術中尉として

一九四二年十月、東京帝国大学を繰り上げで卒業した後、林は軍人になるために陸軍技術候補生となり、陸軍水戸飛行学校へ入学する。卒業と同時に陸軍航空技術中尉となって、陸軍航空本部付となった。しかし彼は技術者ではなく、戦線に赴く二等兵を希望し、最前線で戦うことを熱望した。その気持を彼は次のように語っている。

その場において、みずからを試しみずからを鍛えることに興味があった。この根にあるのは、主知主義といわれたポール・ヴァレリーの試練・自己形成の思想であった。私は二等兵として裸一貫で勝負し、「心の核を落とすことなく」戦ってみたかったのである。(著作集10巻、二四五頁)

そんなロマンティシズムともいえる心意気を在郷軍人会から一喝され、「学問をもって国のお役にたて」と言われた林は、従順に数学者として国の役に立つことに専念した。

そのような陸軍飛行学校在学中に、ある軍医少佐から、空対空弾道の見え方を計算してくれと言われた。教練も何もしなくてよいから、ただ飛行機から敵の飛行機目指して弾丸を発射し、いかにその命中率を高めるかという緻密な計算だけをするように命令されたのだ。林は毎日のように軍医の部屋に通い、彼の話を聞きながら来る日も来る日も命中率の計算に明け暮れた。一定の成果が出ると、軍医少佐は、厚木で開催された陸海軍の航空に関する合同研究会の折に、「林の理論」として紹介した。

一九四三年二月、飛行学校を卒業して、ふたたび第一戦線を希望したがかなえられず、陸軍航空本部総務部調査班に配属され、データを集計するレミントンの穴あきカード集計機と対峙することになる。当時、抽象的な数学や確率論だけで、データとは何かも知らなかった、彼の試練はそこから始まる。これが、のちにデータサイエンスの旗手と評価された林知己夫の第一歩である。

この調査班はドイツの組織を真似て作られた。ドイツから帰国した駐在武官が日本にもこのような組織が作られることが望ましいと進言し、その結果、航空関係の幕僚と短期現役の理・工学部出身の技術将校で調査班が組織された。林は世界情勢と戦法・戦術の情報収集と整理を将校から命令されたが、彼にはほとんど理解できず、なにをしてよいのか途方に暮れた。彼はまず、溢れるばかりにやってくる情報や電報の類を分類することから始めた。分類した後には報告書を書かなければならない。のちに新聞社の科学記者になる同僚から文章の書き方を教わり、速筆を修得し、世界情勢を面白い記事にして「週刊情報」という冊子を作り、航空全軍に流した。こうした経験から、報告書をまとめる技術、情報のなかから「核」となるものを見つけ出し筋立てを考えるコツを身につけたのである。

次に取り組んだのは予測の問題である。「B－二九の生産予測と来襲機数」が、林が初めて手がけた予測の問題であった。航空情報・諸電報に記載されている膨大な生産技術的な情報の計算、過去のデータへの曲線のあてはめなどから生産機数の予測を行なった。この問題は後に『本土防空作戦』に記載され、彼は正式の戦史に名を残すことになった。

ここで林が学んだことは「データを正確にとり適切に処理してゆけば、事態の紛糾に際して大いに役立つ」ということであった。これは彼にとって大きな驚異となった。データというもののなかに潜んでいる真実を見極める技術の修練で国家の危機を防ぐことさえできる。今から考えれば当然かもしれないが、当時の日本軍は必ずしもそうした知的訓練になされておらず、もっぱら軍事行為の経験からくる勘に頼って行動していた。彼のデータ重視の姿勢はここから派生したものである。それは生々しい戦闘状況の現場から送られてくる膨大なデータから生み出されたものであった。さらに、彼は本土防空作戦について、データの計算から割り出した所見を記し、参謀本部に提出した。そこでは大いに推奨されたが、高級幕僚たちが反対したため、印刷物にすることは許可されなかった。軍事に関して素人である彼の書いたものを印刷することが好まれなかったのである。後になって林は、もし自分の所見が現場で考慮され、取り入れられていれば、これほど惨憺たる負け戦にはならなかっただろうとさえ思った。あるいは勝利していたと自負する気持ちが強かった（『データの科学』）。それほど、データの持っている生々しい現実は、彼の精神を震わせ、その思いが長く彼の心に残ったのだ。

終戦間近に、外国人に衝撃を与えたのは、日本人の特攻隊突撃である。外国人は特攻機には当然生身の人間ではなく、ロボットが乗っているものと思ったという。生身の人間が片道切符で戦闘機に乗るという行為自体、邪道である。生きて帰ることを前提としないかぎり自爆行為である。外国では特異な日本人の戦闘行為を「神風特攻隊」と称して恐れた。死をも恐れず戦いに挑む日本人のメンタリティを当時の世界は恐れたのである。

このような神風特攻隊の作戦において、林はふたたびその命中率の計算を命じられた。計算技術、データの分析、的中率の精度を上げるための方法の開発に努める若い将校の心の内には壮絶な感情が流れていただろう。(6)

このようにして、林は青春時代を戦争の真っただなかで多くのデータと格闘し、それが後に特異な数量化理論を生み出すことになる。しかし、戦争の最中に青春のすべてを使い尽くし、データの山に埋もれて人の生死を決定するという任務を強いられた人間は、よほどの精神力がなければ、神経症（戦争神経症）に陥ってもおかしくはない。林はこの事態をばねとして、頑固なまでにその精神力を強靭に育てたのである。

6　人の生死を左右するデータの重み

現在の人々は、戦争の最中にデータサイエンスの基本が形成されたなどとは思いもしないだろう。また、林知己夫がしばしば「データから血がほとばしり出ている」と表現することに、奇異な感じを持つだろう。単なる口癖と思うかもしれない。しかし、彼が扱ったデータの一つ一つはまさに生々しい血と汗が染みこんだものであったのだ。一九八一年の紫綬褒章受賞記念特別寄稿論文の題目は「データの中から血が零《こぼ》れている」というものであった。感受性が強く、音楽と読書に明け暮れ、戸外ではスポーツ万能、特に相撲を得意とした少年が、やがて戦場から送られてくるデータと格闘し、日がな一日それを分析する境遇に陥るとは思いもしなかっただろう。

ちなみに、十九世紀末に活躍したフローレンス・ナイチンゲール(7)は、イギリス政府から看護士たちのリーダーとしてクリミア戦争に派遣され、野戦病院での衛生状態の改善に努めるべく、傷病兵・戦死者に関する膨大なデータを分析し、彼らの死亡原因は病院の衛生状態にあると報告した。彼女は統計になじみのない高級官僚でも理解できるように、データをグラフ化して提示し、視覚に訴える方法を考案した。彼女は「近代統計学の父」と言われたベルギー人のアドルフ・ケトレー(8)を尊敬し、彼に多くを学んでいた。その後、ナイチンゲールは一八五九年に女性で初めて王立統計学会（Royal Statistical Society）の会員に選ばれ、その一六年後には米国統計学会の名誉会員にも選出

図 1-6　ナイチンゲール

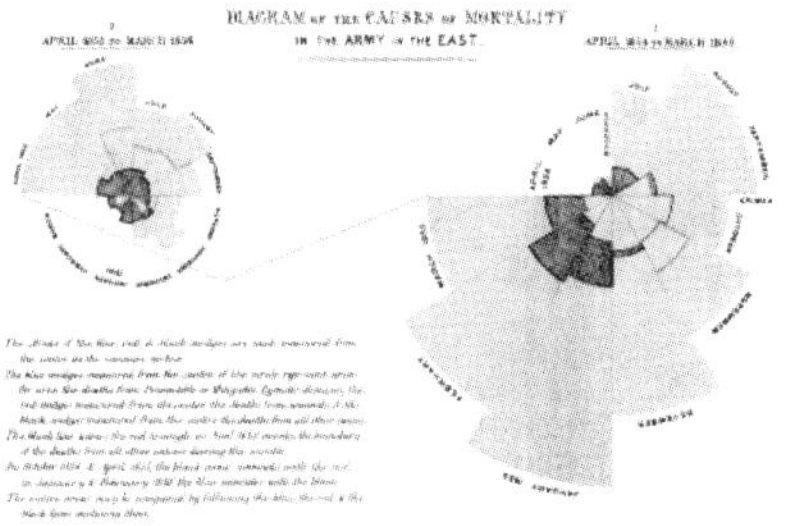

図 1-7　ナイチンゲールの作図した
「にわとりのとさか」と呼ばれる円グラフ

されている。このような例からも、戦闘の最中という命がけの状況のなかでデータが採取され、データ分析の必要性が鼓舞され、実施されたことが理解できよう。

7　数学者を志す

一九四五年、戦争が終わると林は東大の数学教室に戻り、掛谷のもとで再び確率論の勉強を始める[9]。そこで彼はフォン・ミーゼスの確率論、フォン・ノイマンのゲーム理論を、文献嫌いの掛谷の眼を盗んで読み漁り、ミーゼスのコレクティフ理論がゲーム理論と結びついて経済学のなかに生かされていることに感動した。敗戦後であるから読みたい本はほとんど焼失している。生来の本好きの彼には苦痛の連続であったが、新しい本が入荷されると一目散に本屋に駆けつけた。数学教室にある雑誌や本を片っ端から読み上げ、一日三〇ページ頑張れば、一年後に千ページは読めると踏んで実行したが、それを上回るペースで、二年ですべての本を読みつくした。当時の日本は混乱の最中にあり、図書室も半壊しているから読みたい本もほとんど

図 1-8　フォン・ノイマン（1902-1957）

図 1-9　コルモゴロフ（1903-1957）

ない。彼は感銘を受けたミーゼスやフォン・ノイマンの書物を何度も繰り返し読んだ。

敗戦当時の東大の数学教室には「談話会」があって、さまざまな先生たちが訪れて最新の数学の話をしていた。ある時、小平邦彦が、フォン・ノイマンとアンドレイ・コルモゴロフのゲーム理論を発表した[10]。そのようにとてつもなく面白い数学理論をどこで知ったのかと尋ねると、日比谷公園近くにあるアメリカ文化センターの図書室にあるという。林はさっそく駆けつけ、たくさんある文献を手に取って読んだ。これらの本はアメリカが日本の民主化政策を進めるために、日本人に勉強させるつもりで置いた書物らしいが、そんなことに頓着なく、今そこにある新しい論文を血走った眼でむさぼるように読みふけった。本が書店に溢れている今日では到底想像もつかない光景である。

数学教室の「談話会」でさまざまな教授が新しい数学的方法論を次々と紹介してゆくことに、林はこれまでにない知的満足感を覚え、現世の日常（社会は戦後のどさくさで、人々は食物を買出しに行くために必死で生きていた）を超えて「心を高く挙げる」という思想に身を置こうとした。孤高を保つ、これが戦後の敗戦国日本を盛りかえすための彼のせいいっぱいの方策であり、自分に与えられた使命は非日常の世界にあえて身を委ねることであると考えた。イエール大学で学んだ角谷《かくたに》静夫が位相解析の話を始めた時、数学を発展させるセンス、エッセンスのつかみ方に目からうろこが落ちるような経験をした。そして何らかの数学的理論を自分でも作れるような力がこみ上げてきた。数学を職業にしようと決心したのはこの時だったという（著作集14巻）。

やがて彼は当時掛谷が所長を兼務していた統計数理研究所へ、掛谷自身の勧めで入所することになる（一九四六年十二月）。その後、彼は人生の大半をこの研究所で過ごし、所長になっても個人研究室を設けて、相変わらずデータに囲まれた生活を送る。整然とした所長室は、客人や研究所内での雑多な人間関係に問題を抱えて訪れる研究員に会う時だけ使用されたという。

このようにして、彼はデータに関する新たな理論や実践を通して、戦後の索漠とした社会の荒海に乗り入れていく。多くの人々との関わり合いを大切にしながら、さらなる現実の闘いの日々へと猛進することになる。

第二章　統計数理か数理統計か

1　文部省統計数理研究所入所と恩師の死

文部省管轄の統計数理研究所は、戦中の一九四三年十一月の学術研究会議において「統計数学を中心に研究する統計科学に関する研究所の設立」が建議され、翌年四月に設立準備委員会が発足、同五月に設立された研究機関である。一九四五年十一月、それまで分散していた研究室がすべて、小石川区（現在の文京区）高田老松町の細川邸の一部を借用して集まり、当時長野県の飯田市に疎開していた研究室の一部もこれに合流した。

一九四六年十月、掛谷宗一が統計数理研究所の初代所長として就任し、林知己夫は同年十二月に文部技官として配属となった。しかし、一九四七年一月、掛谷が突然死去したため、同年五月から東京帝国大学教授の末綱恕一《じょいち》が所長を兼任した(1)。翌年五月に末綱が辞任すると、そのあとの五年間ほどは所員が所長事務取扱い役として、交互に事務方との折衝をこなした。その後、第三代所長を窪田忠彦が、第四代所長を佐々木達治郎がそれぞれ勤めあげ、東大を退官した末綱が第五代所長として統計数理研究所に帰ってきたのは一九五九年四月であった。その約十年間に統計数理研究所はさまざまな場所に移動しており、明確に研究所の体裁を整えたのは末綱が専任として研究所の第五代所長となってからである。以上のように統計数理研究所は戦後の混乱期のなか、入れかわり立ちかわりさまざまな研究者が出入りして落ち着きがなかった。

掛谷は林の東大での指導教授であったが、統計数理研究所の初代所長になって、モラトリアム時代を過ごしていた林を招聘した。しかし、半年もたたぬうちにその掛谷が死去するという思いがけない出来事のために、林はいささか茫然として心柱を失った。掛谷が死去したのは一九四七年の一月八日で、門松の取れた矢先であった。新年の挨拶に行った時は元気で、林は酒好きの掛谷の相手をしなければならないのだが、体質的に酒が飲めないので、酒に酔ってご機嫌の掛谷に水杯《みずさかずき》で応じたという。文字どおりこの時の水杯が掛谷との永遠の別れとなった。また、ちょうど酉《とり》年の初めということで、「サンズイがなくて酉のみ年の春」という俳句をもらったという。

図 2-1　末綱恕一（1898-1970）

掛谷のあとを引き継いだのが末綱で、統計数理研究所と東京大学理学部教授を兼任していた。林はたちまち末綱を掛谷であると思って多くのことを学んだ。しかし、第二代所長になった末綱はたった一年で東京大学に戻っていった。林の師匠となるこの二人の性格は異なっていたが、林にとっては学ぶこと多く、ともにその後の彼の人生の道標になるのである(2)。

2 「統計数理」か「数理統計」か論争

戦後の混乱のさなか、若い研究者は飢えており、学問に身を入れて本格的に研究する姿勢が定まっていなかった。彼らは多くの場合、何が本当にこの研究所でなすべき研究であるのか、暗中模索の状態で落ち着かず、腰を据えて研究に集中する者は少なかった。当時、統計数理研究所のなかでは二つの流派がその覇権を争っていた。現在も続いているかに思われる目に見えざる闘い（縄張り争い）は、当時の残滓である。二派の間で展開された若手研究者たちの闘争は激しいものになった。理由は単純である。「統計学とは何であるか」、「何のための統計学であるか」といったことを大半の研究所所員が二派に分かれて、毎日議論するのである。昼夜を分かたず、その議論は繰り返され、意見の相違から殴り合いにまで発展した。今日では考えられない状況である。この議論は「一または〇、all or nothing」で妥協は許されない。このような議論に参加せず静かに本を読んでいる少数派の研究員は、皆から「腑抜け」と侮られた。

しかし、「数理統計」か「統計数理」か、統計が先か数理が先かというこの論議は不毛なものであった。両者の違いを簡単に述べると、仮説演繹型か帰納的探索型かということになる。現代流にいえば、確率推計主導型かデータ主導型かというところであろう。

前者はある現象に対してなんらかの仮説を立て、その仮説を実証するための方法論を構築した後に実際のデータを当てはめるという方式である。多くの場合、現実のデータよりも仮説的なデータの当てはめが重視され、当該現象に対する知識も経験もなく、ただ推論を組み立てる数学的公式が優先される。

この場合、「仮説の検定」という手続きが重要である。危険率一％や五％という水準においてその仮説が採択されるか、あるいは棄却されるか、仮説検定法が重要な役割を持つ。仮説検定法はガウス分布[3]を前提にすることが多いが、それが実際のデータにも適用できるかどうかはわからない。また、もし、そのデータが仮説に当てはまらなければ、それはデータの数が足りないせいであるとして、できるだけ多くのデータをさらに集めてゆく。現場において採取されたデータがその公式に当てはまらなければ、データの取り方が悪いということで処理されるのである。ユーザーの側はこれまで懸命にデータを採取してきたのに、データがまだ足りないというだけで放擲されてしまうこの事態にただ茫然とするほかない。

図 2-2　林知己夫（左）と水野坦（右）（1948 年）

それに対して、後者はまず先に現場で採取されたデータを中心に現象を考える。そのため、よほどその現象に関する知識や経験がなければ何もなしえない。採取されたデータにもとづいて推論を組み立て、何らかの統計的手法を作り上げるのである。

このどちらが正しいかが議論の中心になった。二派のどちらが正しいかを論ずる流れは、せんじ詰めれば数理を重んずる統計的手法か、データを重んずる統計的手法かという、現象に対する分析方法の違いであって、それは研究者の思想に依拠する。いわば哲学史におけるドイツ観念論かイギリス経験論かのようなもので、数理を先に持ってくるか、統計を先に持ってくるかという不毛な議論に発展して、収拾がつかなくなったということになるであろう。

ちなみに、統計数理派の水野坦《ひとし》の統計哲学は以下のようなものであった（一九五六年に「統計数理講座」に掲載された「統計数理とは何か」を、二〇〇三年の『行動計量学』第三〇巻に転載したもの）。

> 統計数理は、確率論以前の統計学ともいうべき古典統計学も、確率論に基礎を置く新しい統計学といわれているものも、それらのもつ正しい意味において認め、併せて、現象一般を――単に静的なもののみならず、動的な現象をも――いかに表現し、いかに計量し、いかに解析し、いかに予測するかという方法までを含むものであって、これらに関する方法的な成果は勿論、その結果を出すまでの合理的実証的な過程をすべてを包含しているものである。従って、その内容は推定・検定・数量化・予測・計画・調査・現象構造化からなるものである。

3　フィッシャーとピアソン論争

統計科学の歴史には研究者同士の軋轢がつきものである。統計数理か数理統計か、などの議論は極めて稚拙な争いであったが、もっと深刻なものもあった。参考までにカール・ピアソンとロナルド・フィッシャー(4)の確執にふれておく。二人の確執・論争は息子の代まで続き、歴史に名が残るほど熾烈なものであった。

古い伝統による統計学の格式に縛られたピアソンに対して、フィッシャーはどんどん新たな方法を展開し、ピアソンの古い手法に対する批判を大々的に行なって妥協を知らなかった。この事態はすでに大御所となっていたピアソンには大変不名誉なことだった。かつて、ニュートンとライプニッツが微積分の先取権を争い、相手が自分の考えたことを剽窃したとまで非難するなりふり構わぬ論争を展開したが、これは氷山の一角で、その後の科学界を牛耳っていた老練なカール・フリードリヒ・ガウスにも、若手の理論を握りつぶし、アーベルやガロアの抽象代数学やボヤイの非ユークリッド幾何学を無視したという史実がある。ガウス自身、自分の周辺を取りまく保守的な頭の固い学者たちに新しい学問の潮流を流し込むには相当の努力を要し、しまいには職場を追放されかねないと思い、自己保身のために若手研究者の貴重な研究論文を握りつぶしたともいわれている。現代には見られないほど、当時の保守派の老大家の権力は強烈なものであった。さらに煉瓦職人の出自であったガウスにとって、貴族が支配する学会のなかで余計なことをいえば、職を失う危険さえあったのだ。

二十世紀前半は、それまでの決定論的な科学から、サイコロのような賭博から生み出されたカルダーノ（数学者、医学者のほかに賭博師、占星術師など多くの職業も兼ねた十六世紀初頭の天才）の確率論がラプラスの数学的確率論に発展し、統計科学の確立に弾みがついた。十九世紀になって記述統計学を大成したピアソンは、一八八四年にユニヴァーシティ・カレッジ・ロンドンの応用数学教授になり、そこで動物学者のW・ウェルドンと知り合った。彼と生物測定学と進化論の共同研究をした折に、サー・チャールズ・ゴルトン（優生学者）を紹介され、ゴルトンの馬の親子の蹄の形状の相関関係図（平均回帰）データを数学的に整理して、積率相関係数を提唱した。その後、ゴルトンの残した莫大な遺産と遺言によってユニヴァーシティ・カレッジ・ロンドンに優生学部を創設し、初代教授になった。そのあとを息子のエゴン・ピアソンと弟子のイェジ・ネイマンが引き継ぐ。彼らは馬が合ったようで、後に二人でフィッシャーとの論争を行なっている。フィッシャーは父子二代にわたって、ピアソンの宿敵になったのである。

それではロナルド・フィッシャーとは何者であろうか。彼はカール・ピアソンよりも三三歳も若いイギリスの統計学者であり、優生学者、遺伝学者である。少年時代から数学の才能が抜群であったが、生物学にも興味を示し、ホーレス・ダーウィン（チャールズ・ダーウィンの息子）とジョン・M・ケインズ（経済学者）とともに優生学研究会を組織した。ケンブリッジ大学数学科を首席で卒業したものの適職がなく、物理学科の特待生として大学にとどまり、そこで統計力学、量子論、誤差論や数理統計学を学んだ。ピアソンに招かれてユニヴァーシティ・カレッジ・ロンドンに着任したものの、古い体質のピアソンと相容れず、一九一九年にロンドン北方のハートフォードシャー州ロサムステッド農事試験場の統計研究員になった。そこで、『理論統計学の数学的基礎』を上梓し、仮説的な無限母集団の思想を発表した。その後、農事試験技術の革命的進歩をもたらす論文を次々と発表した。いわゆる農事試験実験計画法である。彼が扱うデータはすべて農業という具体的な場での現実的データなので、一つ間違えれば、その年の農産物の収穫を無駄にしかねず、農業を生活の糧とする人たちの生活に打撃を与えることになりえた。

フィッシャーの考えの筋道に誤りは少なかった。というのも、彼は統計数理という現実のデータを扱う方法に対して確固とした見識を持っていたからである。今日でいうところのユーザー（この場合は農業をいとなむ農民であり農事技師）とメーカー（方法を考える研究者）の結びつきが密接でなければ、いくら良いアイデアで方法を考えても現場に使えないということを知っていたからである。気難しいフィッシャーがユーザーとの人間的な交流を密にしたというわけではないが、ユーザーの立場は十分に理解していた。統計数理に対して彼は科学的見識を明確に持ち、そこに純粋数学の入り込む余地のないことを知っていた。しかし、数学的に厳密で哲学的に疑問のある個所をできるだけ避けながら、あるいは形式的に扱いながら、数学的展開を必要とする部分（少数例のまとめ方、分散分析、F検定など）を形式的に処理した。この点を強調すれば、確かにフィッシャーの推測統計学はデータそのものが現実味を失い、具体的な性格を欠いたものに見えてくる。林にとって、フィッシャーの推測統計学が主流を占める当時の統計的傾向には現実味が感じられなかった。フィッシャーのデータに対峙する姿勢には共感を抱いても、データによる現象解析という点から見れば、物足りなく感じられた。林は、すぐさま自分の推測統計学に取り込むという気にはなれなかった。

フィッシャーとピアソンの論争点は、正規分布万能主義に対する是非であり、その立場をとるピアソンに対してフィッシャーは非対称性を補正するために、無相関検定であるz変換が必要であると説く。また、彼らの大きな違いは大標本（社会調査などのデータ）を扱うか小標本（実験データ）を扱うかであったが、そのことに関する技術的な細部にわたる論争にはそれほど意味がなかった。しかし、フィッシャーが執拗に老ピアソンを追い詰めるので、ついに感情的ないさかいにまで発展してしまったのであろう。前述のように老ピアソンは息子と弟子に自分の席を譲って退場するが、この論争は次の世代になるまで引き継がれるのである[5]。

俗にいうフィッシャーとネイマン＝ピアソン論争と言われるものである。フィッシャーが二人の研究者へ投げかけた攻撃の矢は強烈なものであったらしい。この論争にかんたんに触れてみよう。最も分かりやすいのは統計的仮説の検定問題である。統計的仮説の検定では棄却域の境界線を定める原理、いわゆるネイマン＝ピアソン基準という仮説検定論に関する設定の基準、分散分析における乱塊法配置とラテン方格法配置の優劣をめぐって、フィッシャーはきびしい攻撃を行なった。この問題はよほどデータを知悉して、注意深くデータの状態を見ておかなければ、とんでもないことが起こる。特に医学や薬学の領域においては重大な誤りを起こす危険があり、フィッシャーはネイマン＝ピアソンがデータを十分に吟味することなく機械的に結果を出すことに怒り、彼らに対する批判を徹底させたのである。この種の論争は統計学の研究に必ず付きまとうものであり、数理統計か統計数理かという課題で議論を戦わせた日本の統計数理研究所の若い研究者たちの論争も、この宿命的な課題につらなるものであった。

4　確率論と哲学

哲学的理論を伴わない技法は空疎なものである。形式的にしか処理しえない現象に対してすら、それに対する哲学的理念が明確でなければならない。たとえ泥臭い理念であっても、データという具体的で歴然としたものが垣間見せる微妙なニュアンスが根幹に根を張っていなければならない。それが、林知己夫のデータに対する根本姿勢であり前提条件であった。

イギリス経験論、カントやシジウィックなどのドイツ観念論、ラプラス以来の数学的確率論の三つの流れのなかで、林が興味を持ったのは、イギリス経験論に立脚した哲学であった。イギリス経験論は端的にいえば帰納論理学の流れをくむ。林は仮説演繹主義のアメリカ的合理主義に対して徹底的に反論し、帰納的経験主義をとるイギリス哲学の伝統を受け継いでいる。

イギリス経験論は、フランシス・ベーコンと一世紀を経て経験主義的認識論を確立したジョン・ロックによりその基盤が築かれた。ベーコンはスコラ哲学的な仮説演繹法による論証ではなく、帰納法による論証の重要性を提唱して、イギリス経験論の元祖的存在となった。特に、彼の提唱した人間の本性に関するイドラ説は人間が陥りやすい経験について言及したものである。ここでは多くは述べないが、イドラ（idola）はラテン語のイドルム（idolum）に由来し、偶像やこころに現われる心像で、これには四つのイドラがある。[6] それらは人間の認識を曇らせる先入的謬見で、それらに惑わされることなく人間は発明や発見をしなければならない。それを可能にするのが、帰納的知恵であると主張する。林はイドラについて、常にそれに惑わされることなく現実を鋭く直視しながら現象のなかにある真実を帰納的に探ってゆくべきであると考えていた。

その後、ジョン・ロックの思想を受け継いだのがヒューム[7]で、彼は帰納法的根拠を検討した結果、帰納法の根拠は検証することができないとして懐疑主義と評されたが、『人間本性論』で蓋然性を議論して自分の立場を明確にしている。J・S・ミル[8]も帰納法に取り組み、帰納法の根拠として自然の斉一性の概念を提示し、ケインズも「論理‐関係主義的」な確率論を書いた。[9] 帰納法的経験主義が経済学に波及した背景には、このような経緯があったのである。

林が初めて触れた確率論はフォン・ミーゼスの『確率論、統計学と真実』であったが、それはケインズの『確率論』、ラムジー[10]の『真理と統計』[11]が前提となっている。科学哲学者たちが「確率とは何か」を論じるときにはライヘンバッハやカルナップ[12]の確率論を基礎にしている。一九三二年に上梓されたコロモゴロフの公理的方法による測度的確率論よりも、フォン・ミーゼスのコレクティフ理論[13]（第一章注5参照）がゲーム理論に用いられ経済学に貢献したことを知って、林はますますフォン・ミーゼスに傾倒した。後に、在外研究でイギリスへ渡った時、フォン・ミーゼスやライヘンバッハが一時教鞭をとったトルコのイスタンブール大学に立ち寄ることになった理由はそんなところにあった。

5　サンプリング調査の魅力と将来への抱負

その後、林は水野坦の統計数理的思考を重んじ、イギリス経験論的思想の赴くままにさまざまな書物を漁り、ネイマン＝ピアソンの検定や推計論にはうんざりする。これがアメリカ流操作主義と相まって皆にもてはやされるのを見るにつけ、統計学は男子一生の仕事にあらずと思い、研究所を辞する決心をひそかに固めていた。

ところが、ある日、水野に呼び出された林は「これからはサンプリング調査の時代になる。研究所はこの問題に確固として取り組むべきだ。それができるのは君しかいない」と引導を突き付けられた感じで、それが一体どういうものかもわからぬまま、サンプリング理論を学び始める。すると、なるほどこれは面白いと気がつき、サンプリング理論こそ統計学の基本であると確信した彼は、新橋の第一ホテル近くの大蔵省別館内（東拓ビルの一部）にあった第三部（社会科学研究部）に移り、徹底的にサンプリング理論に取り組む。戦時中にデータの重要性を思い知らされ、正しい真のデータを取ることこそ統計学の役割であると思い、猛烈な勢いで研究を進めた。これがのちに社会調査・世論調査に広がり、今日のマーケティングリサーチの先導役を果たしたのであろう。

一九五一年に上梓された『サンプリング調査はどう行うか』（東京大学出版会）が彼の最初の著書である。同書が出版される前の一九五〇年に彼は「現世学とその方法概論」（未印刷）と題する小文を書き、机の引出しにしまいこんでいた。小文ながら林が研究を始めるにあたっての「覚悟の書」ともいうべきもので、このなかに盛られた思想・原理原則は終生変わることがなかった。以下に、少し長くなるがその概略を記す。

現世学〔現代の世相を学ぶ学問〕の目的は、現代のあらゆる世相を記述し、説明し、さらに将来の世相を予測することにある。〔…〕一定の立場から、〔…〕、すべてのものを数量化して眺めるという方法を取る。〔…〕、現世学は立場から立場へと移りながら、それぞれの立場の生み出す結果を総合して目的を達成しようとする科学だ。〔…〕これまでの科学は静態的であったが、これからは動態的にものを把握しなければならない〔…〕、われわれの目的は、世相を総合的に捉え、ただ一つの科学のなかに閉じ込められない。〔…〕法律学、政治学、経済学、社会学、教育学、心理学、哲学、宗教学〔…〕医学、生物学〔…〕言語学〔…〕これらの学の成果は、もちろんすべて利用する、これらの学の方法、道具の巧みさもわれわれは利用する。そのほか学として確立していないものも使用しなければならない。そのことによって新たな対象に応ずる方法を考え、行為し、目的を実現しようとするのだ。われわれの方法は、分析的方法も使うが、その総合に主に力を使うことにある。複雑微妙な対象を科学的に捉えるには、狭い、すでにでき上がった殻のなかに閉じこもっては何もできない。同じ対象を取り扱うのに、各科学のなかを貫き、その隣接部をつなぎ、新しい領域を切り開いてゆくことによって、初めて可能になる。これは、学問発達の一段階だろう。同じような現象は統計学、新しく起こった近代統計学でも見られている。かつては、統計学は経済学の内部で発展し、そこに属していた。しかし、近代統計学は農学のなかから起こってきたのだ。それが、新しい思考方法と技術とを必要とするようになれば、各方面に応用され、対象によってそれを処理する別な方法と思考と技術とが新しい思考方法と技術とを必要とするようになり、各方面に応用され、対象によってそれを処理する別な方法と思考と技術とが考えられなければならなくなった。こうして、統計学は、ただ、データを集め、計算することから、科学的に確率論のもとに、計画し、調査し、数量化し、分析し、解釈し、予測する方法を持つようになった。これによって、統計学は、科学性（現実に対する有用性）をその建前とすることができるようになった。こうなっては、統計学は経済学のなかには生存しえない。各科学を貫き、また新しい領域をもその分野とするようになり、ここに新しい統計数量学が誕生しつつある。

われわれの場合も、これに近い。われわれはさらに統計数理学の方法も含めて、複雑な対象に向い、これを解明して、われわれの目的を達しよう、と考えているのだ。〔…〕

現世学は、総合する科学だと述べた。ひとつの事象の解明は密接に他の部門と関係しており、離し難い。いってみれば、それは一つの世相のなかに溶け込んでいるのだ。この一団となった関係のシステムを分解して、今までのいろいろの科学に分属させるのではなく、ひとつの新らしい科学、すなわち現世学がまとめあげなければならない。一団となっている、とはいっても、そのなかで占めている割合は各部門によって軽重がある。したがって、現世学は厳密なsampling調査法によって、総花的な年鑑式ではなく、weightをかけたうえで、現代の姿をもっと良く反映させるものでなければならない。〔…〕

この「覚悟の書」は、それ以降彼が取り扱うデータサイエンスの要となる。すなわち、統計学は単にデータを集めて集計するものではなく、そこに、確率論や推計論などの数理的分析を行ない、データの裏に潜んでいる実態を暴き、今後、そこにある現象がどのような形に変容してゆくのかを予測する学問であらねばならない。そのためにはただデータを漫然と集めるのではなく、きちんと母集団と標本の意味を明確にし、データの厳密性を確かめ、データのなかから得られた現象を鮮明にする。そのための尺度構成（現象を測る物差し）や数量化理論を、単にこれまであった推計学のなかから持ってくるのではなく、より明確なデータに即した新しい数量学を考えてゆかなければならない。そのために多くの学問分野からの知恵を参考にして、学際的な研究をいっそう発展させなければならない。数学者は、ただ数学だけではなく、法学、文学、心理学、社会学、医学などの既成の学問との共同作業をしなければ、真のデータ解析をなしえない。こうしたリエゾン処方的思想[14]は、現代においては一般的になっているが、当時としてはかなり斬新な考えであり、行動計量学という学際的研究の先鞭となった。

このようにして、まだ三〇歳を超えたばかりの青年研究者が、自分は何をなすべきか、未来の自分は何をなすべきか、男子一生の仕事として統計数理研究所においてなすべき仕事の全容を察知し、それに向かってひた走りはじめたのである。

第三章　サンプリング調査の醍醐味

1　「日本人の読み書き能力」調査

一九四八年、米軍の占領下政策の一環として、「日本人の読み書き能力」調査を実施するようにとの指示が出された。これは日本語は難しいと米軍が勝手に思い込んで、特に漢字などは、特定の人にしか理解されない特殊表記であると思っていたからである。彼らは日本人の半数くらいの人しか、漢字を書いたり読んだりする能力はないと予想していた。当時、東京帝国大学文学部の言語学科を卒業したばかりでこの調査に参加した国立国語研究所の野元菊雄（後に同研究所所長）によれば、米軍は日本人の漢字使用が国民の文化格差を生じ、それが日本の全体主義国家成立の要因になったと考え、もっと易しい表記としてのローマ字化をすすめることを検討していたという。ローマ字化をするのが民主化の道であるという固定観念を実証するために「日本人の読み書き能力」調査をして、やがて日本語をすべてローマ字式に変えてしまおうとする意図を占領軍は持っていたのだ。調査委員長に務台理作（東京教育大学）、委員に石黒修（国立教育研究所）、柴田武（国立国語研究所）、島津一夫（国立教育研究所）、野元菊雄（国立国語研究所）、林知己夫（統計数理研究所）が選ばれた。

その頃、内幸町のNHKビルに陣取ったCIE（民間情報教育局）では、アメリカ流の社会学、文化人類学系統の学者が、世論調査の指揮を取っていた。すべてアメリカ流である。世論調査に関わる人々は、日参して彼らに社会調査の基本を学んでおり、統計数理研究所の研究者も然りであった。

「日本人の読み書き能力」調査を実施するためにジョン・ペルゼル(1)が派遣された。彼の書いた調査のガイドラインは「ペルゼル憲法」と呼んで重宝がられ、社会調査法のオーソドックスともいえるこのガイドラインに従って調査を行なった。全国サンプリングは林が担当した。彼は地理学の考えを参考にしながら、層別三段階抽出法を実施した。一九四八年に実施されたこの調査は、戦後初めての科学的標本調査であった。アメリカ人研究者は日本の俊英たちの研究への情熱に圧倒され、これまであまり関心を持たなかった日本人の優秀さに驚嘆した。優れた若者たちの多くが戦死したため、生き残った者の任務はそれだけ重いものとなった。彼らはひたすら日本のために全力を投じて、その務めを果たしたのだ。

調査の結果は驚くべきもので、日本人の文盲率は一・六％とかなり低く、アメリカ人よりも日本人の方がはるかに読み書き能力に優れていた。そこで、ローマ字化は取り下げられた。まさにこの調査は日本語が存亡の危機を免れた救国の調査といってもよかった。それまでこのような調査をしたことのなかった林は、サンプリングの魅力に取りつかれた。ここで用いられた標本抽出法、社会調査法は日本の世論調査、社会調査の先駆けとなり、この分野のモデルとなった。「日本人の読み書き能力」調査は、今日においても社会調査の手本である。彼は調査に自信を持ち、そこから出てくるデータの魅力に圧倒されていった。「無から有を生ずる」思いで、林は調査の魅力に取りつかれていった。学生時代につきもののモラトリアムから解放されると同時に、己れの生き方をゆだねる「男子一生の仕事」をやっと見つけたのだ。

この時、彼が思ったのは、ガウス分布（正規分布）に対する疑問、ピアソン＝ネイマン流の統計的仮説の検定理論に対する疑問である。ピアソン＝ネイマン流の視点はガウスを尊重してガウス分布だけを拠り所とし、ガウス分布をなさないデータについては大量のデータを採取し、ガウス分布に近づけてゆくというケトレー時代の思想に逆戻りするように思われた。なぜなら、調査をすればするほどガウス分布が当てはまるのは一部のデータの分布に限定されるからである。ほとんどの検定はガウス分布に代表される中心極限定理を土台としているので、統計的仮説の検定といえば、ガウス分布の考えで処理されていた。後にさまざまな分布が知られるようになるが、当時の統計学はまさにケトレーの統計万能時代を思わせるような脆弱さであった。

「日本人の読み書き能力」調査の次に行なったのは八丈島の言語調査である。これは方言調査であるが、これまでの調査と異なるのは、方言と社会的地位やさまざまな条件との関係を検討することにあった。結果はその地方では分かり切ったことばかりであり、社会的経歴の高い方が標準語を用いるという常識的なものであった。その後、白河市、鶴岡市の標準語化に関する調査、伊賀上野市、岡崎市における敬語調査など、標準語と地方の方言の比較が行なわれ、方言を標準語化することが議論されたが、結局は地方独特の方言を標準化するのは無意味であり、不可能であるとの結論に至った。初等教育の教科書は標準語で書かれており、そこで標準語を学習すればよい。そうすれば、社会的経歴の高い人は標準語を多く話すということになる。調査は予想された結論に終わったが、この調査によって、標本抽出法、標本調査法の工夫、誤差評価など今日の社会調査法の基礎を確立するうえで貴重な調査方法が開発された。

この頃から次第に海外から多くの文献が手に入るようになった。あるとき、アメリカのワイリー社から出版された、*Methods of Operations Research*（Morse & Kimball, 1946）という本を見た林は驚愕した。そこに書かれていることは、彼が戦中に行なっていたこととよく似ており、特に特攻機に関するデータ分析の結果とほとんど同じだったからである。彼はますますデータとデータ分析の重要性を認識し、数理統計学と異なる「統計数理」という概念を一般に広めようと、先輩の水野坦と統計数理万能主義ともいえるデータ中心主義を旗揚げし、数理統計に固執している研究者を批判し、摑みかからんばかりの喧嘩をした。「統計数理」か「数理統計」か、そのどちらかを取るべきかという一途な想念に振り回された彼らはまるで妥協を知らなかった。敗戦後の日本はその後の燃え上がるような情熱と働き蜂のような仕事ぶりで、国を立て直すことに必死であったが、林もまた必死で、「調査の科学」に情熱を燃やした。彼が水野坦と一緒に打ち出したのは、標本調査→統計数理→数量化→多次元的データ解析→行動計量→調査の科学という筋道である。これらを総称して今日ではデータサイエンスと呼ぶ。このようにして、彼はデータサイエンスの開拓者となったのである。

「データ無くして一切なし」とする林の思想は、データのデザイン（データ取得の設計図）と分析に必要なことを具体的なものに即して作り上げ、そのなかに哲学を見出し、またその上に立って方法を考えるという立場であった。いわゆる仮説検定型ではなく、データのなかから真なるものを見つけ出し、それを検証するという、仮説発見的、探索的データ解析を徹底したのである。彼はますます従来の科学方法論のように仮説演繹的ではなく、データから仮説を発見して帰納的に現象を説明する方法論に固執していった。

2 「日本人の国民性調査」の幕開け

彼はしばしば「学会荒らし」と言われた。若手の研究者の研究に強い関心があったので、彼の所属する学会ではたいてい一番前に坐り、腕組みして若手の研究者の研究発表を熱心に聞いていた。そして、徹底的に従来の統計学を批判して、皆に敬遠された。林の学問的立場への厳しい批判が敵を作ったのも事実である。林知己夫といえば、何にでも難癖をつける面倒な奴だと思われた。しかし、彼はおのれが信じることを皆の前で堂々と述べることこそ科学の発展にとって最良であると信じていた。

調査データから当たり前の常識的な結果が出れば、その調査は正しい調査であるという考え方に、彼は反論した。「仮説を立てて検証する」というアメリカ的操作実証主義、行動主義（Behaviorism）

に反感を持ち、調査結果から仮説が構築されるという信念は決して変わらず、統計的仮説検定至上主義には真っ向から対立した。当時は調査に対する関心が多くの人々の間で高まった時代で、標本調査を正確に間違いなく行なえば、社会のことはすべて理解されるという思想が漲り、自然科学万能主義の気風が次第に弱まっていった。一九五〇年代は社会調査万能時代ともいうべき時代で、多くの社会調査技術が開発された。しかし、林はさらに一歩進んで、調査の科学を推進し、調査の哲学ともいうべき新たな展開を切り開いてゆくのである。

一九五三年になって、「日本人の国民性」の調査を大規模に行なうことが必要だと林は考えた。それは、戦前、戦中、戦後の日本人論のあまりにも食い違った議論、敗戦による自己否定、日本人悪玉論が有識者のなかに蔓延したので、それに挑戦する目算があった。彼は大正時代末期、精神状態の退廃的気風が蔓延し「国民精神作興に関する勅語」が発せられた時のことを思い出し、この調査を「国民精神動向調査」と名づけた。予算が通った後、この名称では誤解が生じるおそれがあったため、「日本人の国民性」という題目にした。これが、それ以降五年おきに現在まで行なわれている時系列的調査「日本人の国民性調査」へと展開して、統計数理研究所の大きな研究プロジェクトとなった。林は標本調査の企画、実施システムの練磨、非標本誤差の評価、質問法の確率的方法などを手がけ、大規模なランダム・サンプリングによるプリテストを行なった。そこで確定した質問文の形態、リストなどは今日も使用されている。

この調査は標本調査法、社会調査法の集大成で、「日本人の読み書き能力」調査に次ぐ、日本人の意識を解明するための貴重な資料となり、この調査によって日本人の何たるかがよく理解できるようになった。彼は次第にこの調査技法を用いて、意識の国際比較調査研究へとのめりこんでゆくのである。

3 野うさぎの数を数える調査のはじまり

さらに分野は全く異なるが、この標本調査法を利用して行なった研究に、野生動物の数を数える調査がある。野生動物の数を数える統計的方法は、捕獲－再捕獲法といって、一度罠を仕掛けて生け捕りにした動物に何らかの印をつけて野に放ち、再び罠を仕掛け、捕えた動物のなかに先に印をつけておいた動物が何匹あるいは何羽いるかを調べ、比例関係を利用して全体の数を推定する方法である。こうした原始的な方法にはランダマイゼーション（サンプリング）の保証はどこにもない。

一九七〇年ごろから、林知己夫は野うさぎの数の調査を始めた。野うさぎは家で飼われている真っ白の目の赤いうさぎとは異なる種類で、耳がそれほど長くはなく、目は黒く、夜行性のためにあまり人目につかない。英語ではうさぎといえばラビット（rabbit）であるが、野うさぎはヘア（hare）という。子供の絵本に登場する擬人化されたピーター・ラビットは、いかにもラビットである。しかし、絵本に描かれている、百姓の畑を荒らして野菜を食べ、追いかけられて逃げ回る姿は、ヘア（野うさぎ）である。

山林を荒らす野うさぎをそのまま放置してしまうと、数が増加し、山林地帯を荒らし、植物の成長に害を与える。しかし、こうした野生動物を絶滅させるわけにはゆかない。そこで、野うさぎの数を数えて絶滅危惧種にならない程度にその数を保っていかなければならない。そんなわけで、まず野うさぎの数を数えることから調査が始まったのだ。

北海道と新潟（佐渡）が調査の場所であった。野うさぎが増えすぎて植林被害が大きくなり、対応に困っていた。そこで野うさぎの数を数えて、その結果、いかに植林をするかを調査するのである。ところが捕獲–再捕獲を試みても、数の推定がうまくいかず、一向に改善につながらない。北海道や佐渡の雪山をあてどなく歩き回り、何か良い方法はないものかと考え続けた結果、野うさぎの足跡を追いながら、その足跡を使って野うさぎの数を数える方法にやっと思い当たった。対象面積のなかに野うさぎの付けた足跡の長さを、サンプリング調査（エリア・サンプリング）で調べる。次に一頭の野うさぎの歩く歩数の平均値を推定する。さらに生け捕りにした野うさぎに色の付いた首輪を付けて放し、次の日にその野うさぎを追って出発点と終着点を調べる。すると、一頭の一夜の平均走行距離が推定できる。このように雪山に残る野うさぎの足跡を追跡して、そこから幾何確率平均モデルに基づいて野うさぎの生息数を推定するという新たな方法を考えた。

こうして、林は増えすぎた野うさぎが森林に与える被害を食い止めるべく、緊迫した事態の収拾に尽力したのである。

現代では野うさぎばかりではなく、エゾシカ、エゾリス、キツネ、クマなどの民家に与える被害を食い止めるために、野生動物の調査が始まっている。野生動物は次第に人間の住む場所にえさを求めて山を下るようになった。人間を恐れなくなった野生動物の撃退と保護対策の必要性が日増しに強まる傾向にある。地域の住民の手ばかりではなく、科学的対策をどんどん活用する必要があるだろう。

調査の過程で、動物に対する好奇心に取りつかれた林は、うさぎにまつわる日本の神話や童話の類を漁り、すっかり野うさぎに夢中になった。ついに一九八一年に野兎研究会の会長に就任した彼は、その就任時の会報(一九八一)に以下のように書いている。

〔…〕野兎研究会が野兎以外にも視野を広げ、みずからの成果を他の動物領域に及ぼし、さらに野兎研究で得られた蓄積をポテンシャルとして、その領域における有用な方法の開発に寄与するとともに、逆に他の領域を見ることによって刺激、示唆を受け野兎の分野における研究を発展させ、その内容をいっそう豊富にしてゆくことができると思う。今、この時機が到来していると言ってよい。〔…〕

4　自然環境保護問題の国際比較

野兎研究会以前にも彼は自然環境保護問題に関係しており、一九六一年には全国森林資源調査を任された。その事後調査において彼は調査誤差の問題に触れている。標本誤差(サンプリング・エラー)のほかに非標本誤差(ノン・サンプリング・エラー)として、調査不能による誤差、プロット原点確認に関する誤差、実測値（プロット区画測量および測定樹）誤差の問題について、それらを調査誤差であると言明している。事後調査は測定誤差を確認するための調査である。

一九八〇年に林知己夫が新潟大学で行なった講演のテーマは「日本人の自然観――心を探る統計的方法」という。そこでは東京都二三区に住む二〇歳以上の住民と西ドイツのフライブルグ（人口三〇万の地方都市）で同じ調査を行なった事例が紹介されている。主だった調査項目のなかから、好きな旅行先、森の中の散歩を好むか否かの二項を取り上げ、その結果の報告がなされている。それによれば、東京都民の好きな旅行先は、見晴らしの良い山（二三％）、静かな湖（二一％）、深い森（三％）である。それに対してフライブルグの市民は深い森が過半数（五五％）を占めた。森の中の散歩を好む人は、東京都民の六二％に対して、フライブルグは九七％という驚異的な数字を示していた。確かに、東京とフライブルグとはその置かれた環境が全く異なるという事情があるが、この結果は環境の相違から、自然、森林への親近感にかなりの差異が生じたものと認められた。また、深い森の中に入った時、何か神秘的な気持ちを抱くかという設問に対して、フライブルグは九三％、東京は五三％が「はい」と答えた。ドイツ人にとって深い森はある種の信仰の対象なのかもしれない。[2]

さらに心の奥を探るために、回答間の結びつきを詳細に分析した。その統計的技法が数量化法（数量化Ⅲ類）であり、これを用いて分析した結果を見ると、素朴な宗教的な感情と人工的なものに対する賛否は、思想的に全く独立と考えてよいという結論に至った。このような分析について、高田和彦（新潟大学）は「森林は統計学を用いるフィールド」と題して「林知己夫賛歌」（著作集付録）にエッセーをよせた。その一部を下記に記す。

〔…〕林先生の統計哲学は一言でいえば、机上の理論だけの統計学ではなくて実用出来る統計学であると私は思っている。そして、統計学を応用するフィールドを大切にされ、そのフィールドの適合しないときには、すぐに適応できる理論を考え出され、その新しい方法の斬新さと便利さにいつも敬意と驚きを感じていた。先生は、私によく森林は統計学を用いるフィールドとしては極めて重要なものであると言われ、森林・林学に関する分野への積極的なご指導を頂いたことは、この分野に携わる者すべてにとって幸運であったと思う。

林と言えばやはり数量化法が最初に頭に浮かぶが、数量化法は林業においては林野庁が行政として森林の機能調査に用いており、最近ではソフトも多く市販されている。〔…〕しかし、ソフトの利用が容易になった半面、数量化法の正確な理論に基づかない利用が増えているような気がする。そのためにも、もう一度数量化法の理論を勉強することをお薦めしたい。

その後、一九九〇年に森林野生動物研究会が発足する。森林に住む野生動物と人間のかかわり合いが一つの文化に発展することを願って、『森林野生動物研究』誌の巻頭言（一九九四）に「コンサヴェイション・共生思想と現実の行動との融合を」と題して、今後、「コンサヴェイション文化」が成立し、定着するのではないか、と林は述べている。さらに二〇〇一年にも、同誌の巻頭言に「森林野生動物研究会のなすべきこと」と題して次のように書いている。

野生動物のようなものを取り扱うとき重要なことは、多元的にものを見る――高い広い視野を必要とする――ということである。一面のみを見て押し進めてゆくということは危険である。仮説‐検証という従来の科学の伝統的方法以外に、探索的にものを見るという新しい科学の方法論――データの科学――を身につけるのが良いと思うのである。この方法は複雑なものを取り扱おうとする場合に望ましい方法なのである。いつ大発展の機会が訪れるかもしれない。今は地道にわれわれの方法を鍛え、基礎をしっかりと固めておく必要があることを重ねて言っておきたい。いつでも応じられ、新しい方法を編み出すポテンシャルを蓄えておく時期と考えている。

なお、一九九七年に出版された林と森林野生動物研究会のメンバーとの共著『フィールド必携森林野生動物の調査――生息数推定法と環境解析』（共立出版）は関係者の関心をひいて、よく売れた。

第四章　数量化理論形成の道程

1　仮釈放の研究

これまで述べてきたように、戦時中の弾道学（予測の的中率を高める研究）や社会調査の方法論・分析方法は、林知己夫の周辺に、度たび影のように付随しているのが理解できる。だが、ここでは特に、一九四七年、当時法務省矯正保護研修所の法務技官であった西村克彦（のちに青山学院大学教授）が、犯罪者に関する多様な要因を統計的手法で分析したいと林のもとを訪れた時に遡ろう。

西村は法学部出身のため、アメリカで取り組まれていた仮釈放研究のための方法や仮説の妥当性などの統計分析についての知識を持っていなかった。西村は同僚から、社会心理学分野に統計数学的方法を組み込んで研究している数学者がいると統計数理研究所を教えられ、早速、彼は連絡を取った。この時に応対したのが林知己夫で、それがきっかけとなって西村・林の共同研究が始まった。

当時の刑法学では、犯罪者に対する刑罰方法に対する考え方は二派に分かれていた。懲罰派と教育派である。前者は徹底的に刑罰を与えて改心させるという方法であり、後者は犯罪者を教育することによって改心させるという方法である。西村は教育派であった。懲罰派の根拠となるデータを調べてみると、データはあってなきがごとしで、単純集計のみであった。深みのない表層的なもので、これではいくら犯罪者でも厳しすぎる。さながら、中世の暗黒時代に行なわれていた「闇の教育」――子供の人格を無視して形骸的な教育を行なう――のようなものである。犯罪者の個性などなきがごとしで、罪を犯したのだから画一的に懲罰を与えるというだけである。

犯罪者を改心させる。そのために、教育派の立場から、受刑者が三分の一の刑期を終了した時点で、仮に釈放し、再び罪を犯さなければそのままだが、再犯すれば、新しく刑期が残りの刑期にプラスされるという仕組みを考えた。そのためには、社会に迷惑のかからないように、釈放する時に再犯の可能性を予測することが課題であった。これはかなり真剣に取り組まなければならない責任の重い研究であった。林の役割は、受刑者の特性（成育歴、住居歴、家族環境、社会・心理的態度・価値観、生活環境、社会環境、職場環境など）、犯罪・裁判における態度、受刑中の態度・行動など、できる限り多くの個人的要因を調べて、その結果から再犯率をできるだけ高い的中率で予測することであった。

そこで、まず調査現場として横浜刑務所を選び、林の刑務所通いが始まった。受刑者をよく見ていくと、従順で明るい者がいる。「本当に彼は犯罪者なのですか？」と林が尋ねると、極め付きの累犯者だという。あだ名が「刑務所太郎」、いわば刑務所ボーイである。つまり、彼は刑務所に適応してしまい、刑務所を離れるとすぐに犯罪に走るという習性の持ち主なのだと言われた。このように受刑者には一次元尺度では到底測れないさまざまなタイプがあり、一筋縄ではいかないと気づいた。同様の調査をする時、アメリカでは実際にその場に溶け込むために、自分も刑務所に入り、同じ立場になって実態を明らかにするという。林自身も現実を掌握するために、刑務所に入る必要があると感じて、統計数理研究所の所長に「刑務所にしばらく入らせてください」とお願いしたところ、「何を言うか。身の程をよく考えろ」とけんもほろろに一喝された。もし、自分が所長なら、熱心な研究者の希望を何とかかなえてやろうと努力するはずなのだが……。仕方なく、西村と刑務所通いをつづけ、さまざまな角度から聞取り調査をして調査票を作成し、プリテストも行ない、何とか調査に踏み込み、釈放後の行動の予測に役立つように熟考した。

2　数量化理論の萌芽

予測といっても再犯するかしないかの二分割である。再犯者はこのような特性を持っている、再犯しない者はこのような特性を持っている、といったいわば質的なデータから、その的中率を計算するのである。そこで質的なデータをスケール（尺度）化する必要がある。心理学の分野ではサーストン・スケールを簡便化したリッカート・スケールという測定尺度がある。反応カテゴリーを単純に〇、一、二、三といった具合に〇を中心に右左に分けて尺度化する。〇を挟んで右側をマイナス一、マイナス二、……、左側をプラス一、プラス二、……と分けて、マイナスの側によっている受刑者を再犯群、プラスの側によっている受刑者を非再犯群とする。するとほとんど〇を中心にしたガウス分布を描くことになる。それぞれのカテゴリーの頻度に応じて分割し、その平均値をとって再犯の可能性を知るという単純なもので、尺度間の間隔はすべて等しい。

しかし、ガウス分布にアレルギー反応を示す林にとって、この種の尺度は到底馴染めないものであった。ケトレーの亡霊に取りつかれたような、心理学分野の統計的分析に彼は辟易した。このような尺度で深刻な現実を測定することは無駄骨であり、使い物にならない。何のために調査をするのか、原点に戻って考える必要がある。再犯率を予測することの重大さゆえに、彼は真剣にこの問題と取り組む必要があった。予測の的中率をいかに高めるかという点では、再犯率の予測も、戦争中に行なった敵を一機でも多く撃ち落とすための予測も同じである。そう考えると失望ばかりもしていられず、自分なりの見通しを立てる意欲が湧いてきた。つまり、このような質的データに何らかの数値を与えて、それを加算して判別すればよいと考えた。

まず、何らかの分析をするには質的データに数量を与えることが必要である。そこで、$\delta_i(j, k)$という記号を用い、iという人がjという項目（アイテム）のkカテゴリーに反応している時に一、そうでないときに○を与える。アイテム（調査項目）のカテゴリー（内容）kに対してX_{jk_j}（k=1, ……K_j, j=1, ……,R）という総和を与える。これをa_iと名づけた（i=1,……,N）。このように考えると、仮釈放後に再犯しなかったグループ、再犯したグループそれぞれにおいて、a_iの分布ができるはずである。a_iが一次元の数値として表現できていれば、仮釈放後の行動は一次元で説明できると考えてもよい。(1) アイテム数Rが大きければ、中心極限定理(2)によってガウス分布で近似される。二つの分布が離れていれば予測がうまくいったと考えよう。そこで、一つの分割点を定め、それより大きい a_i をもつものを仮に再犯しない、それ未満の a_i をもつものを再犯すると予測した時、その判断の的中率 P が最大になるように考えることにした。この P が一つの予測の成功率の尺度（物差し）になるのである。

その頃、フォン・ノイマンのミニマックスによる判別理論が発表されていた。[(3)] 林は、この理論がまさに自分の考え方とぴったり一致することに驚き、興奮して、自分の考えに自信を持ったのである。フォン・ノイマンは判別理論にゲーム理論のミニマックスの考えを用いている。これは後に、A・ワルド（トランスバニア出身の数学者）の統計的決定理論に発展する。

かくしてリッカート・スケールの迷妄から解放されて、調査を進めることにしたが、データを集め、いざ計算することになっても、今日のように電子計算機のない時代である。卓上式の手動計算機しかなく、九元の逆行列を求めるのに二週間も要した。しかし、時間はかかるものの、現代のようにあっという間に答えが出てくる電子計算機より、はるかに数値計算のきめ細かい綾が理解でき、数値計算の実力が高まる。後に林は、当時の統計数理研究所の数値計算の実力は世界一ではなかったかと回想している。こうした数値計算の綾を自分のものにした時こそ、多くのアイデアが湧いてくる。数量化理論の基本となっている相関比 η の二乗を最大にするという考えの原型は、この種の数値計算によって試行錯誤を繰り返しながら注意深く計算した結果から生まれたものである。

結果を見ると、リッカート・スケールでは決して出てこない多くのことが散見された。受刑中の行動では、十分に適応している、不適応であるという受刑者はともに再犯率が高く、中位のところに位置している者が、再犯率が低いことが分かった。裁判、逮捕時の気持ちも、どちらともつかない特徴のないくらいがいちばん良い。これらの結果は、それまでは数値計算によって明確に実証されることがなかった。予測の的中率 P は〇・九五を上回った。このような結果を心理学会で発表したところ、感動して握手を求めに飛んできたのは、後にグループ・ダイナミックスで著名になる三隅二不二《じふじ》であった。数量化理論の最初の理解者であるこの青年は、その頃はまだ九州大学の助手であった。

3　ガットマンとの「出会い」

仮釈放の研究から数量化理論に至る研究が一段落したころ、スケール理論が盛んになり、林はのちに東京大学新聞研究所所長となる池内一《はじめ》と懇意になった。池内は社会調査の「超達人」と言われていた。そこで、林は池内から「社会調査」の何たるかを多く学んだ。池内と林は仮釈放の話をして肝胆相照らす仲となった。池内によると、リッカート・スケールよりも新たに考案されたガットマン・スケールのほうが優れているという。

ガットマン・スケールは、ルイ・ガットマンというユダヤ人学者が考案したもので、ある測定尺度項目の一次元性が保証されるための再現性係数が最大になるように尺度化して、その回答パターンから尺度項目を一次元に並び替えてゆく方法である。ある難易度の高い尺度項目に回答していれば、それよりも簡単なものに回答していないという順位性に着目して、スケイログラムという反応図を作成し、そこから尺度化を行ない再現性係数（reproducatility）を求める。

池内はまた、ガットマンの一対比較法についても教えてくれた。これはアメリカ兵士の復員を、多くの人々に満足のゆくようにするという研究から編み出されたものである。兵役年数、海外在役年数、戦闘回数、家族の有無、子供数など、いろいろな条件を一対比較し、それによって、より早く復員させる条件を見出そうというものである。条件のカテゴリーに数値を与える仕方は、「より早く復員」と「より遅く復員」の二群の区別を最大にするという立場から行なうのだが、仮釈放の研究における相関比を最大にするという考え方が林の数量化理論と類似の考え方で計算されていた。

図 4-1　研究室でデータ表を眺めるガットマン（真鍋氏撮影）

ガットマン・スケールといい、ファセット理論（後述、第五章注2）の考え方といい、「ガットマンとは只者ではない」、自分の仲間だ、と林は直感した。数量化という名称も、先輩の水野坦や池内と話し合いながら、ガットマンの用いるquantificationという英語から拝借したものである。

Quantification Theory、すなわち数量化理論の誕生である。

4　数量化理論の開発

林はそれまでの数理統計学に反旗を翻し、水野とともに「統計数理」の哲学を練り上げ、実践に移すことを考えていた。このことは統計数理研究所入所以来の信念であり、強力な助っ人であった水野と協力して、数量化理論を前面に押し出して、データの科学の本筋に迫った。数量化理論の実績が彼に自信をつけ、水野の強烈な個性が彼を動かしたのである。サンプリング理論、質的データ分析に万能な数量化理論、現象予測の高い的中率などで自信をつけながら、数理的なハードな手法ではなく、ソフトな手法のほうがよりいっそう現象解析には必要で役に立つとする立場から、人間行動の分析を中心に置くことが統計数理の目玉であることを主張した。水野のみならず、池内との議論も実りあるものであった。

林にとって「数量とは、物そのものに内在するものではない、それはわれわれが、科学的に物事を達成するために与える道具」であるということが根本概念であった。イギリス経験論哲学を完成させたデイヴィド・ヒュームの哲学思想と類似している。この点を池内一から指摘された林は、ヒュームの『人性論』を読み共感して、それ以来ヒュームは彼の座右の書となった（著作集15巻、二九〇頁）。このような根本概念に気がつくと、今までもやもやしていたことが、すべてすっきりと見通しが良くなった。彼の哲学的本質は経験論を主体とするイギリス流の統計数理であり、統計学の歴史をさかのぼればドイツの大学派よりもイギリスの政治・算術学派に属していることになる。いわゆる、イギリス経験論の父と言われた哲学者ジョン・ロック（一六三二―一七〇四）の「タブラ・ラーサ」、われわれの心はいわば白紙として生得観念を有してはおらず、観念の起源はあくまでも経験であり、われわれはただそれを認識し、加工する能力があるだけであるという哲学的概念に類似している。林の場合、経験とはデータのことである。データのなかから社会現象や人間の心を読み解くのである。

やがて、林は心理学の分野に乗り込んでゆくことになる。その当時、東京大学文学部心理学科の主任教授であった高木貞二《さだじ》のもとで、「心理学における数量化の研究」という研究会が催された。一九五五年のことである。知覚（認知）、学習、記憶などの従来からある典型的な心理学研究に加え、それまで応用心理学のなかに含まれていた社会心理学までをも含む心理学のオーソドックスが参集して研究会が始まった。幹事は学習心理学の小川隆（慶応義塾大学）で、社会心理学からは池内一（東京大学新聞研究所）、水原泰介（お茶の水女子大学）、認知心理学では佐野勝男（慶応義塾大学）、大塩俊介（東京都立大学、現在の首都大学東京）、数理心理学の印東太郎（慶応義塾大学）、梅岡義貴（東京大学）、統計学の林知己夫（統計数理研究所）、その他に高木貞二に連なる東大の研究室から数名の助教授、助手が参加した。そこで、態度測定、スケーリングなどの数量化の方法を研究した。林がそこで知ったのはフランスの心理学者モレノ[4]の「ソシオメトリー理論」の存在だった。これは後に国鉄保線区員の調査をきっかけに開発された e_{ij} 型数量化の原点となる理論である。e_{ij} 型数量化法は、後に一般には数量化Ⅳ類と呼ばれるものに発展した（さらに後になって、視点を変えて、e_{ijk} 型数量化法が考案されている）。

この研究会の成果は一九五五年に『心理学における数量化の研究』として上梓されたが、興味深いのは序文である。梅岡、印東、池内、林の四人で相談しながら書いているのだが、打合せの時になかなか話がまとまらなかったという。知覚実験では多くの場合、仮説演繹型の方法を採用するのに対し、社会心理学では仮説演繹型は避けて通り、データのなかから探索的現象を帰納するのが本筋だったからである。そのうちに梅岡が北海道大学に異動するに及んでやっと、心理学の研究は実験至上主義、つまり仮説演繹的手法ではなく、実験・調査を繰り返し、データを採取しながら、現象の本質を見極めるという帰納的なデータ解析法を重視することで決着した。

そこで、実際の調査を日本女子大学の寮生に対して実施した。フランス文化好みとアメリカ文化好みの二群に分けて彼女たちの特徴を判別するわけだが、これが今日でいう数量化Ⅱ類となるもので、以後は外的基準のある分類の定番となった。この頃、外的基準が「ある」「なし」という考え方が固まった[5]。数量化理論のⅠ類からⅣ類という呼び方は、一九六四年に飽戸弘（東京大学）によって命名され、以後その呼び方が定着した[6]。

5　計算機活用の時代

一九五五年頃の統計数理研究所の所長は佐々木達治郎であった。彼は第二次世界大戦以前には東京帝国大学の航空研究所に所属し、そこで航空計器の専門家であり、工業数学の大家であった。佐々木は計算機にも強い関心を持ち、すでに戦前にアナログ式で微分方程式を解く微分解析機などを製作していた。その後も継続して計算機の重要性を訴え、その開発に強い意欲を持っていた。

前述したように電子計算機がまだない時代であったので、計算は相当な苦労を伴った。そこで、林は配下の石田正次に依頼して機械製作所を探してもらい、やっと富士通が計算機の製作を承諾した。出来上がったのは、人間の手計算よりは少し早い程度の精度の機械であった。

佐々木はデータ解析を重視しており、統計学の理論に関して水野や林の考えに同調していた。彼もまたガウス分布に疑問を持っており、歯に衣を着せずに大胆な発言をする、水野や林と似たようなタイプであった。理論よりも実験を重んじ、仮説演繹法にのみ頼ることの危険性を示唆していた。佐々木が所長であった頃もなお、統計数理研究所は統計学におけるイデオロギー闘争ともいうべき論争（「統計数理」か「数理統計」か）による分裂状態が続いていた。それを統一するべく、自分（佐々木）が審判者になるから、自分の前で議論をし、負けたものは研究所を去るということで、三日間昼夜を問わず議論を戦わせた。

かくして、所内の方向性はデータ重視の姿勢で統一され、計算機と統計数理の結合が推進されていった。リレー式の計算機の第一号は相関係数を計算するもので、ＦＡＣＯＭと命名された。富士通はこれを機会に、リレー計算機ＦＡＣＯＭ１２８Ａ（継電式万能計算機ＴＳＫとも呼ばれていた）を製造した。日本のコンピュータ・パイオニアと言われる富士通の池田敏雄が数々の計算機を開発し、一九五四年にFACOM100を完成させ、一九五六年にはリレー式計算機FACOM120を完成させて、その一号機を統計数理研究所に納入した（池田は惜しくも一九七四年にくも膜下出血で早世した。五一歳の若さであった）。

一号機が納品されると数量化理論の計算は格段に容易になり、さまざまな現象を緻密に研究できるようになった。そのなかに選挙予測の研究がある。選挙になると、林は夢中になった。候補者の過去のデータから当選者の予測を行なうのである。当時、新聞社は選挙予測のためにそれぞれ統計数理研究所の指示を仰ぎにきており、○○新聞は××先生といった具合に新聞社ごとに担当する研究者が決まっていた。林の担当は朝日新聞社であった。林は朝日新聞社と統計数理研究所の双方を行ったり来たりした。選挙の予測はスリル満点で、朝日新聞社の世論調査室は熱気に満ちていた。編集局主筆もこれに賭ける勢いで熱中した。さすがに賭博をする者はいなかったが、誰もが予測の結果に一喜一憂した。一九六〇年代は世論調査方式の予測は当たるとの印象が強かった。選挙になると、統計数理研究所の誰もが浮かれ騒いで、まともに仕事ができなかった。

林の親友の一人に東京銀行調査部に在籍していた斉藤一郎がおり、調査データの解析を好み、経済動態調査会を主宰してともに頑張った。その斉藤が友人として紹介してくれたのが、生物学を専攻した後で、突如陶芸家の内弟子になった、変わり者の佐藤敬之輔（武蔵野美術大学教授）である。

佐藤は極めて着眼点の優れた鋭い感性の持ち主で、知り合った当初は、よほど気に入られたのか馬が合ったのか、まだ新婚であった三鷹台の林の家に泊りがけで遊びに来ていた。そこで、彼は絵

図4-2
欧文誌のロゴマークをデザインした佐藤敬之輔

を描いたり、レコードを聴いたりして気楽に過ごした。その頃、林はヴァレリーもどきの詩を書いていて、佐藤と詩論や文学について議論した。ある時、佐藤が、「今、レッテル（商標）のデザインをしているが、そのデザインで悩んでいる。日本のデザインを輸出するにはどんなデザインが良いのか」と相談を持ちかけてきた。当時は、日本といえば富士山と芸者であった。佐藤はそんなデザインを好まないのだが、会社の重役はこの二つが描かれていないと気がすまず、外国へ輸出しないというのだ。そのような人は趣味の悪い人であると実証したいのだが良い方法はないか、と佐藤に問われて林は、いろいろなデザインのレッテルを作り、どれが好きかについて多くの人に選ばせたデータもあると答えた。

林はそのようなデータも参考にしながら、苦慮の末、レッテルとレッテルを選択する人が対角線上に並ぶようにすればよいと思いついた。佐藤はそれは良いアイデアだと感心し、これに飛びついて早速計算に取りかかった。それが数量化Ⅲ類と呼ばれるパターン分類の始まりであった（一九五六年）。数量化Ⅲ類は個人の選択パターンに基づく同時分類のための数量化である。リレー計算機にかけて計算するとうまくまとまり、佐藤は有頂天になった。ちなみに、行動計量学会の欧文誌

『Behaviormetrika』（図4‐3）のロゴマークは佐藤の作品である。

6 医学界の統計処理に物申す

その頃、医学界では計算機の発展とともに、医療診断学が流行していた。元来人間の病気を診断して治す医学は、目の前に苦しんでいる患者を「もの」として観察し診断する自然科学的手法を用いていた。増山元三郎の『少数例の纏め方と実験計画の立て方』という推計学の書物が医学統計学の分野を席巻し、多くの現場のデータ分析がその書物に依拠してなされた。林はその状況に激怒して、少数例で患者の分析をするなどもってのほかであると述べた（林 一九七三、一九七七）。さらに、患者を「もの」として見てしまうと思わぬ誤謬を引き起こす可能性があると主張した。そこには大きな危険が潜んでいた。真の医学の道を外れてしまう可能性が

CONTENTS

図4‐3 行動計量学会欧文誌第1号の表紙と目次

高いのである。現在は患者中心の医療がなされているが、当時はそうではなく、医療中心の医学で、患者の個人差などほとんど考慮されなかったのだ。

医学統計的モデルの大半は反応誤差、回答誤差の問題を十分に処理しきれていない。たとえば、ある薬品がある病気に有効だというので新薬が開発されたとする。しかしそれはある体質の、ある特定の患者には効き目があるかもしれないが、別の体質の患者には有効ではない場合がある。それは何故だろうか。それは、その新薬の効果が、ある特定の体質や特性を持つ患者のみを対象にしており、他の患者の特性を誤差として処理してしまっているからである。そこで林は、新薬の効果をいっそう高めるための反応誤差に関するモデルを開発した。誤差として処理されてしまった患者を特定するためのモデルである。ある意味で、それはかなり手間暇のかかるモデルであった。テスト－再テストをして、何度も同じ患者に同じテストをする。すると、その患者の次のテストでは効果ありと反応する確率が生じる。その確率が次の反応効果を予測する決め手になる。

このような考え方は世論調査にも当てはまる。同じ調査を同じ人に再度実施して前回の調査との差（距離）を測る。そこで生まれた回答確率（ベイズ確率、または主観確率）を本調査に重みとして与え、真の値に迫るという考え方である。一週間おきに新薬を与えた患者が新薬に反応しなければ、一体その患者は他の効果ある患者とどこが異なるのかが見えてくる。それによって患者の個人差が明瞭になり、これまでは誤差として処理されてきた患者の病気の原因もまた解明されるかもしれないのである。患者の個人差の問題は、その後の林の重要な課題となった。回答誤差の問題は

『NHK総合放送文化研究所設立二〇周年記念論文集』(一九六七)に詳細に述べられている。

さらに、市場調査で数量化理論を発展させた林は、それを医療の分野にも適用した。それは日本医科大学第一内科の木村栄一(循環器内科、心電図研究。後に同大学学長)との共同研究から始まるが、きっかけは、当時統計数理研究所第二研究部に在籍していた二宮理憙(後に青山学院大学教授)との心電図の自動計測の共同研究であった。心電図の波形から何が統計的にわかるかを教えてほしいと木村に相談された二宮が、その話を林に持ちかけたことがきっかけで、林は木村と親しくなったのだ。それ以来、彼の健康診断は概ね木村とその門弟たちにゆだねられた。

今日ではQOL(Quality Of Life)[7]は一般的に医療の現場で用いられている。当時は患者の「生活の質」など考えてもみなかったが、今日ではQOLや患者中心主義の病院が、少なくとも大都会では大勢を占めている。患者の個人的な要素を加味しながら、その人全体を見て判断するという今日の医学から、この当時の医学は相当かけ離れていたのだ。林は複雑な現象を理論で理解しようとするのは非常に危険であり、複雑な現象はデータで理解すべきだと考えた。一九六五年に緑内障を患った林は、その危険性を身をもって体験していたのである[8]。

数量化理論の道程には、林のゆるぎない信条や思想哲学がぶれることなく連綿と続いている。正しく調査してデータを採取する姿勢には厳しいものがあり、妥協は許されない。しかし、今日の調査データ採取は林の時代と様変わりしており、過度なプライバシー尊重のため、簡単に調査をすることができない。それにもかかわらず情報過多の社会はデータでうずまっている。このビッグデータをスマート化するための方法論、データのなかの本質的な側面をいかにして最適化しつつ、現象解析（いわばデータ解析）を実施することができるのか。そして、あらゆる叡智を駆使して、生のデータからいかにして真のデータを摑み出すか。多くの課題が残されている。

第五章　在外研究遠征記

1　林の結婚

終戦後、一九五〇年に文部省は在外研究員制度を復活させた。一九五六年に林知己夫はこの制度に指名されて約百日間の海外出張へ出発することになった。

その前年の一九五五年四月、三七歳の時に、林は縁あって倉敷紡績の大橋財閥令嬢、大橋玲子と結婚した。林と一〇歳以上も年齢が離れていた玲子は、日本女子大学の家政学部を卒業した才媛で、彼女の伯母の大橋広は日本女子大学の第五代学長となり、玲子は伯母の家に寄宿して大学へ通った。玲子はそこで客の接待の仕方や料理の作り方などを学んだという。

林の姉である淑子は、日本女子大学で玲子と同窓であった。彼女は三〇代の後半になってもまだ独身の末っ子の知己夫を案じていて、大橋玲子との縁談を進めるべく奔走し、早速お見合いの席が設けられた。

林の結婚が遅くなった理由は不明だが、想像できるのは、彼の学問的興味が尽きることなく多方面にわたり、むやみに多忙であったことと、周辺に結婚相手として適切な女性がいなかったからだろう。
結婚した二人は、林が三三歳の時に東中野の邸宅から、母と姉の三人で引っ越してきた三鷹台に居を構えた。そこは武蔵野の自然が残る広大な庭を擁する屋敷であった。母と姉が住んでいる屋敷に隣接する敷地に新居を構えた二人はそこで、新しい生活を始めた。

図 5-1　家族での七五三（1961 年）
長男佐知夫　五歳、次男由己和　四歳

その結婚から一年も経たないうちに、林は在外研究を命じられたのである。その期間は一九五六年一月二十日から五月十五日までの一一六日という短期間であった。

当時の日本は一ドル三六〇円という時代で、日本からドルを海外へ持ち出すのにも「外貨持ち出し制限」というのがあり、外貨を獲得するにも困難な状況でその資金繰りに大変苦労した。多くの人たちの手を煩わせて外貨獲得に努め、ブリティッシュ・カウンシルの世話になり、やっとの思いで、イギリスのロンドン大学へと在学研究の旅に出立した。

2　ガットマンに会うためにイスラエルへ

だが、林は真っすぐにロンドンに向かったのではない。まずイスラエルへ飛んだのである。最も手ごわく手におえない頑固さでみずからを貫き通すユダヤ人の気性に共感を抱いたためかどうかはわからない。ただ、すでに述べたように（六四頁）、ガットマンの思想にいたく感動していた林は、一体ガットマンという人物はいかなる場所に生育したのか、イスラエルとはいかなる土地であるかに興味を覚えていたのだろう。知的野次馬根性とでも言うべきものである。

イスラエルは、第二次大戦終戦後、シオニズム運動を経て、一九四八年五月十四日に独立宣言をして誕生した。だが、そこはもともとアラブ連邦共和国のヨルダン領であり、国境がエルサレムの町のなかを二分するような形で存在している。エルサレムにある教会も半分はキリスト教であり、他の半分はイスラム教であった。それらは当初仲良く共存していた。イスラエル独立のきっかけは一九四七年に起きたエクソダス号事件である。これはユダヤ人難民四五〇〇人余りを乗せた「エクソダス号」が、パレスチナの玄関口であったファイファ港沖で、当時エルサレムを統治していたイギリス軍に拿捕され、マルセイユに送り返されるという事件で、『栄光への脱出』という映画のもとになった。一九四七年十一月の、エルサレムをユダヤ人とアラブ人が半分ずつ分け合うという国連決議に対して、両民族ははじめはおとなしく従っていたが、ユダヤ人のイスラエル独立宣言を経て、双方に不満が募っていった。さらに、この事態にアメリカとソビエト連邦が介入したために、エルサレムはユダヤ人とアラブ人のいさかいの場所となってしまった。これが中東戦争である。

林が在外研究で訪れた一九五六年のイスラエルは、第一次中東戦争と第二次中東戦争の狭間にあり、イスラエルはアラブ諸国と衝突を繰り返していた。飛行機もアラブ諸国の上空を飛べないので、トルコのアンカラ上空まで行き、そこで旋回してテルアヴィヴへ向かうという煩雑さであった。一統計学者がなぜこれほど複雑な方法で苦労しながらイスラエルへ向かったのか、危険な事態を憂慮しなかったのかと不思議に思われるかもしれない。しかし、林はどうしても、ガットマンという、多くの素晴らしいアイデアをひねり出す稀代の研究者に一目会いたかったのである。

3　ガットマンの人物像

ルイ・ガットマンは熱烈なユダヤ教徒であり、欧米式の数量解析には目もくれず、随時独創的なアイデアをつむぎだし、国際的な学会誌である *Psychometrika*『計量心理学』（後に彼は、この雑誌を発行する計量心理学会の会長を務める）に精力的に斬新な論文を発表しつづけていた。前述のように林がガットマンの存在を知ったのは、数量化理論の契機となった「ガットマン・スケール」と、復員兵士の帰還順位問題を扱った独特の一対比較法に共感を覚えた時である。それ以来、林はこの方法に感心して常にガットマンに注目していた。ガットマンが行なっていたのは、数量をもたない質的判断に、一定の立場から数量を与え、現象を操作的に表現し、現象のなかに潜む真相を明確に解き明かすという優れた発想の現象解析方法であった。当時、優れた精緻なデータ解析方法を考案しつづけていたアメリカ人だが、このように「質的データに何らかの数量を与える」という思考方法を理解できなかった。しかしガットマンは違った。彼の方法は、まさに数量化理論の基本である、質的なデータに何らかの量的な操作をして分析するという思想であった。

ガットマンは社会学者であり、計量心理学者であり、統計学者であったが、いずれの分野にも所属せず、絶えずこれらの学問の境界線上で多くの難問を解明するべく奔走した研究者であった。一方、林は数学から出発し、統計学にはまり、それを武器にして、社会学、心理学、生物学、政治学、法学、マーケティング、医学・疫学・色彩学、教育学など、人間が関与してデータを採取することのできる場所ならどこへでも駆けつけ、データサイエンティストとして周辺の人々を覚醒させた。まさに行動計量学を地で行く研究者であり、人間の心や態度のすべてを含む学際的研究に取り組む典型的な人物であった。ことのほか林はインターディシプリナリー（学際的）という言葉に共鳴していた。本来、統計数理とは学際的な学問研究なのである。

ナチス政権下で米国に避難してコーネル大学の助教授になったガットマンは、アメリカの戦時活動に携わり、イスラエル独立宣言後はただちにパレスチナに移住して、アメリカで得た経験を生かし、イスラエルの建国に寄与しようとした。彼の得たデータは悲惨な民族紛争から得られたもので、戦争時の調査活動は熾烈を極めたことは言うまでもない。

彼が活躍したイスラエル応用社会調査研究所（IASR）[1]は、イスラエルの経済活動、地域問題、住宅、職業など数々の社会問題の解決に寄与している。この研究所はヘブライ大学のコミュニケーション研究所との共同研究から始まった。林は、まずこのイスラエル応用社会調査研究所を訪れた。この研究所は社会現象の解析について独特の研究をしているところで、ガットマンと社会学者の

U・G・フォアが差配していた。しかし、この時はガットマンはアメリカへ行っていて不在であった。

4 ファセット理論

一九七六年から一年間、ヘブライ大学コミュニケーション研究所とイスラエル応用社会調査研究所のガットマンのもとで学んだ真鍋一史（当時、関西学院大学。現在青山学院大学教授）は、ファセット理論（facet theory）がガットマンのデータ解析の柱になっていることを知った。[2] これはいかにも形式的な実験計画法とは異なり、れっきとした科学的方法論で、三つの柱から構成されていた。第一に質問紙調査の理論的骨子を表現する独自の手法であるファセット・デザイン、第二に尺度解析、部分的スケーログラム分析、多重スケーログラム分析、最小空間解析（SSA）などの分析法であるファセット・アナリシス、第三に質問紙調査による人間行動の諸法則・理論の定式化であるファセット・セオリーの三つである。

このように見てくると、ガットマンは林知己夫が称賛したように、調査の達人であり、科学方法論を大事にする優れた研究者であることがわかる。ファセット理論は、林知己夫が調査やデータ分析を行なう際に、質的なデータを量的なデータに替えて分析するという方法論と同種であった。

ガットマンの思考過程をもう少し詳しくたどってみよう。前にも述べたが（第四章）、ガットマン以前はサーストン・スケールや、これを簡便化したリッカート・スケールが実験心理学や社会調査で用いられていた。しかし、ガットマンは不満を感じて、独自のものを考えた。ただガットマン・スケールは他の尺度に比べて極めて理解しにくく、実験心理学のデータでこの尺度を用いて分析することは困難を極めた。ガットマンはデータの「尺度化可能性」(scalability) なる概念を用いて分析するのだが、これは林の数量化理論のアイテム・カテゴリーという概念と類似している。つまり回答の反応パターンを作り、それを一挙に分析しようとするのである。

ファセット・デザインで組まれた質問紙により得られたデータは、尺度解析法やガットマンによって考えられた態度測定法で分析される。たとえば、ある事象に対して、好意的か非好意的かという態度を調べたいとする。そのためにその内容についてのいくつかの質問項目を作り、その質問項目に対する回答は非常に好意的から非常に非好意的にわたるカテゴリーに分かれており、質問された人はそのカテゴリーのなかのどれか一つに反応するように構成されている。

これは、まさに林の考えたアイテム・カテゴリーの思想であった。

このようにして、ある集団に調査を行なったとして、好意的な人も非好意的な人も各人が質問に対して答えるためのあるパターンを持つことになる。ファセットという言葉は刻面、一面というような意味だが、ここではパターンという意味であろうか。このパターンにおける質問間の関連性、いわばパターンの構造について、好意的な人、非好意的な人、あるいは中間の人などが、それぞれ特有な反応のパターンを持ち、その構造の変化が明瞭に見えてくる。この構造の差が一定の規則に従っていれば、問題解決は容易になる。このようなガットマンの考え方は、林の数量化理論の理念

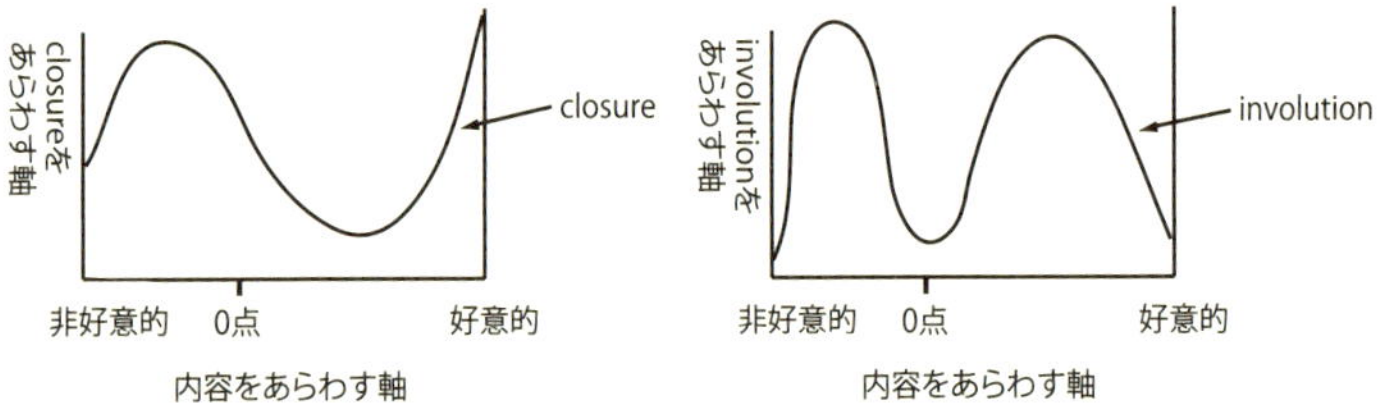

図5-2
ガットマンのインテンシティを基軸としたクロジャー、インヴォルーションの図

と同義である。言語は異なるが分析していることは同じであると考えることができる。

　ガットマンによれば、一般には、任意の質問群は常に完全に再現性を持つようにはできていないが、ある程度の再現性を表わす指標として、再現率（総得点から完全に個人のパターンを予測できた場合の比率）が考えられる。それが高い比率であればその尺度は一次元性を保っていると考え、この状態を、いわゆるスケーラブル（scalable）であるという。これがガットマンの考え方であり、さらにスケーラブルな尺度に関する研究方法を進めている。一次元性を持つ尺度を問題の内容に関する尺度と考え、一次元性が保たれた尺度であるとわかれば、次のステップとしてその内容の強度を測る尺度を考える。そのためには異なる質問をする必要がある。ある問題に対して好意的な態度をとっているとして、それがどの程度強く、あるいは弱く好意的であるのかを測らなければならない。これもスケーラブルな尺度とする。態度測定においては、内容と強度が重要な指標になるのだが、ガットマンはそれだけで終わることはなく、さらにその先に進む。

　ガットマンは、一次元の名称としてインテンシティ（内容）、二次元の名称としてクロージャー（closure）、三次元の名称としてインヴォリューション（involution）というものを考える。図示すれば図5－2のようになる。クロージャーを表わす質問は、例えば「大学を卒業したらどうするのか」とか「除隊後何をするか」といった、いわば決心の固さを測るものである。強く好意的な回答をした人は決心が固く、非好意的な回答をした人も決心が固いとみなされる。中間あたりでさまよっている人の場合は中途半端なままである。つまり強く好意的である回答と強く非好意的な回答の分布ができ上がり、○点を挟んでU字型、あるいは逆U字型の分布が得られる。それによって極大極小の点を境にして内容尺度は分割されてゆく。さらに、インヴォリューションを調べるには決心の固さを尋ねる質問、たとえば「ここに留まるかどうかを決心するのに費やした時間はどのくらいでしたか」というような質問をする。するとクロージャーの説明がさらに強調され、山が二つになるような曲線が現われる。

5 データの持つ複雑さとの奮闘

以上のような方法でスケーラブルな答えができるような態度尺度を構成してゆくのがガットマンの考え方の根本概念であり、行動の予測に大いに役立つと考えられる。ガットマンはこれらの基本的構造概念を用いて、多くの測定法を逐次考えることになる。彼は研究所で行なわれているファセット理論に基づく尺度分析の様子を観察したが、なかなか現実にはこのようなすっきりしたスケーラブルな分析が出来上がっていないことを悟った。再現率の高い場合はたかだか質問数が三、カテゴリーが三くらいで、この時ちょうど再現率は九二％であった。これが質問数が一〇でカテゴリーが五である場合は、再現率は五〇％以下であろうと推察された。まさにデータは理屈どおりには動いてくれないのである。多くのガットマンの論文に載っているデータは現実に調査した結果とは大分違って、よく出来上がったものだけを論文にしているとしか考えられない。良いデータの公表のみでクロージャーやインヴォリューションも実際のデータを見るとあるかなきかのようで、サンプリング誤差を考えれば全く消えてゆくようなものであり、すっきりした理論とは全く異なる現状に驚かされる。だが、実際のデータはこのようなものである。林は、ガットマンが提唱する理論はこの時はまだ試論であったと考えることにした。「スケーラブル」の次にガットマンはファセット理論に取り組んだが、必ずしも理論どおりにゆかず、変数（質問数）が限定されるといった難点を克服することができなかった。彼の示すデータは知能テストや色彩など、誰にでもわかるような単純なデータをもちいた結果の尺度分析や多次元尺度分析に適用されている。

そこで「スケーラブル」でないもの同士をどのようにまとめるかが問題となるが、これが極めて困難であり、どういう風に発展してゆくのかが課題として残った。

後に、イギリスからの帰路、林がアメリカに立ち寄ったのは、ガットマンに会うためであった。やっと会えて、彼とこの問題に関して論じ合ったが、結局この問題は未解決のままであった。林はその結果について云々するよりも、彼の問題意識に意味があるのだと考え、ガットマンが失望しながら「これがすべてだ」とつぶやいた時に、データの持つ複雑さと奮闘している研究者に自分の姿を重ねたという（著作集14巻、一〇八頁）。

結局、イスラエルではガットマンに会うことができず、林は次にトルコのイスタンブール大学数学科に立ち寄った。末綱教授の紹介であった。林が若き日に感動した、確率論や統計理論の独特な方法で名が知られたフォン・ミーゼスや、確率論の基礎や論理学を研究していたライヘンバッハが一時期教えていた大学だからである。しかしトルコでは、想像したよりも統計や社会調査などに対する関心は低く、大学生はもとより一般大衆も社会調査などに理解をもっていないように見えた。人々はその種の問題には全く無頓着であった。このようなところに一時的にせよ、ナチスを逃れて数学者や哲学者たちが寄寓したことに、戦争の残酷さを痛感するばかりであったという。

6　イギリスの大学をめぐり歩く

いろいろ寄り道をして、やっとロンドンに到着した林は、一カ月ばかりピアソンのお世話になったが、しかし彼は多忙であった。イギリスの大学教授は、授業はなくても、ゆっくり人と話をする余裕がないらしい。林はフィッシャーに興味があったから、彼のいるケンブリッジ大学へ顔を出そうとしてピアソンに相談すると、突然これまでの親切な態度ががらりと変わり、フィッシャーのところに行くのなら勝手に行けと言う。やがて知ることになるが、ピアソンとフィッシャーは険悪な関係であった（第二章）。理論的対立が激しく、相互に譲らない。特にフィッシャーは誰とも仲が良くなかった。林はフィッシャーに会うためにケンブリッジ大学まで出向いたが、彼は不在であっ

図5-3　ロンドンのピカデリーサーカスにて（1956年）

た。三月中旬から四月の前半にかけて、西欧諸国にはイースター祝日があり、その休みに多くの人たちは旅行に出かける。いわゆる行楽シーズンである。日本的にいえば、ゴールデンウィークに計画を立てて旅行に出かけるのと似たような状況である。

それはともかく、当時は、確率分布型からデータ主導型への移行期にあった。林はピアソンよりもフィッシャーの研究室の客員となるべきであったが、フィッシャーは多くの数学者のいるトリニティ・カレッジではなく、キー・（Caius）カレッジにおり、そこで優生学《ユージェニクス》の教授をしていた。フィッシャーの功績は統計学ばかりではなく、遺伝学や優生学の研究にも及び、一石を投じていた。林はフィッシャー流の統計学に関心をもち共鳴する部分があった。つまり林は、確率主導型からデータ主導型に移行しつつあるフィッシャーの洞察力を察知していた。

せっかくイギリスに来て、ロンドン大学からスタートしてケンブリッジ大学まで行くのに、オックスフォード大学を素通りするわけにはゆかない。オックスフォード大学は政治・経済学関連の研究者が多く、他に生物学も盛んであった。林はオックスフォード大学の生物学者たちと盛んに予測の問題を議論して、得ることが多かった。後に野うさぎの足跡をたどって雪山を駆け巡ることになる林の興味・関心は、案外このあたりに起因するのかもしれない。

さらにマンチェスター大学のM・S・バートレットに、ピアソンの紹介状を持って会いに行った。ロンドンからマンチェスターまでは四時間かかる。マンチェスターの街は黒くうす汚れていたが、統計学者のバートレットはこれまで出会ったなかでは最も英国紳士であった。さらに、スコットランドのアバディーン大学でD・J・フィニーに会う。彼は巨漢で快活かつ磊落な声の大きい人物で、ボタン代わりに木と縄で前を合わせた汚く短い海軍外套を着て現われた。海軍にいたといい、まるで海賊のようであった。森林調査に関する話をしたかったのだが、彼はもはや森林調査は行なっておらず、みずから森林に分け入って調査をしないらしい。それにスコットランドなまりの英語が分かりにくく、到底議論ができそうもないのであきらめてしまった。

7 ロンドンでの優雅な時間

林はクラシック音楽愛好家で、フルートを吹奏していたから、ロンドンでは暇さえあればコンサートを聴きに出かけた。一週間のうち五晩もロイヤルフェスティバル・ホール、ロイヤルアルバート・ホール、コヴェントガーデンなどに通い、各種のクラシック音楽やバレー、シェイクスピアの劇などを見て回った。特にフルートに拘りがあったので、その関係の音楽会は必ず聴きに行った。後に気づいたことであるが、そのなかに稀代のフレンチホルン奏者、デニス・ブレイン(3)が演奏しているものがあった。帰国後に、カラヤンの指揮でフィルハーモニア管弦楽団をバックにデニス・ブレインが奏でるモーツァルトのホルン協奏曲のLPを聞いて衝撃を受け、たちまちフルートからホルンに転向した。あらゆるレコードを買い漁り、デニス・ブレインのイメージを心にとどめながら、聞きほれた。彼にとって、イギリスは単なる近代統計学の温床の地ではなく、やみがたい音楽の美しい調べ、クラシック音楽の音色とともに、デニス・ブレインのホルン協奏曲の演奏が脳裏を走り心に響く、懐かしい故郷のような国となった。

8 アメリカでガットマンと会う

イギリスで多くの経験を得て、林は最後にアメリカに向かう。そこは想像どおり活力にあふれ、情熱的でプラグマティズム全盛の国であった。

当時の日本では、官僚の卵たちは、こぞってアメリカに留学した（今でもそうだが）。というのも、アメリカは日本の再教育を狙い、第一線で活躍する優秀な人材を、フルブライト基金を創設して、留学させていた。日本の指導層の大半はアメリカに留学しており、二年間の滞在期間の間に学位を取得して帰国した者も多い。

敗戦後の日本は見るも無残なのに対して、アメリカは非常に洗練され、合理的で物量に溢れていた。生活水準は高く、すべてが力強く新鮮に見え、林は圧倒された。彼の心のうちにはプライドもあって嫌米的意識を潜在させていたが、さすがに打ちのめされる思いがした。これを克服するにはどうすればよいかと真剣に考えた。このアメリカの熱気はどこからくるのだろう。彼はマックス・ウェーバーが『プロテスタンティズムの倫理と資本主義の精神』を書いた事情がよく理解できた。ウェーバーが主張するように、アメリカ人の精神はプロテスタンティズムにしっかりと裏打ちされていた。その活力の源は勤勉の精神にあった。

アメリカ人は本気で日本の民主化を図ろうとしていた。戦争で生き残った人たちを再教育するために自国に受け容れるという政策は成功した。日本の親米基調の基礎はそこにあった。今日の官僚たちの多くはこの恩恵に浴していたので、いかに日本独自の改革をしようとしても、なかなかそこから逸脱できないのだ。林はそのことを痛感した。

アメリカに着いて、まずニューヨークで行なわれている色彩学会に出席し、プリンストン大学でテューキーに会う。彼は柔道でもしていそうな巨漢で、およそデータ解析などをこまごまと机に向かってやっているようには見えない。テューキーのデータの理論はアメリカ流であり、林が提唱するデータの質を量に変換するという考えが理解できない。大変良い仕事をしているのに、こうした感覚的ずれが微妙に走るので、林はデータ解析の話は避けて、気さくな日常的な話で時を過ごした。

次に向かったボストンのハーヴァード大学は、フォン・ミーゼスがいたところである。その後はデトロイドとアンナバー（Ann Arbor）の中間にあるミシガン大学へゆく。さらに、シカゴ大学、スタンフォード大学と、アメリカの有名大学を駆け抜けた。何とも精力的な大学めぐりで、相当に英語は上達したという。

最後にスタンフォード大学へ行ったのはイスラエルで会えなかったガットマンに会うためであった。ガットマンは一年任期で、この大学の「行動科学高等研究センター」(Center for Advanced Study in the Behavioral Sciences) に派遣されていたのである。このセンターは一九五四年の秋に開設され、五〇人の所員がいてフォード財団の管轄下にあった。ガットマンの部屋は黄色い花の咲く中庭の向こうにあり、隣の部屋には社会心理学者のL・フェスティンガーがいた。彼らは論敵で、相互に意地を張っている感があった。ガットマンは体格や顔つきががっちりしているが、色白の顔で柔和である。考え方は鋭い感じはしないが、アイデアが豊富で牛のように粘り強いタイプのように思えた。

話はいろいろ尽きない。ガットマンの研究室でさまざまな議論をしているうちに、次第にお互いの考え方が合致していることがわかってきた。「数量は物そのものに内在するものではない。研究目的を科学的に達成するために、われわれが与える道具である」という数量化の根本思想が当初から確立していた。むしろ、ガットマンに先導されて数量化の名称をそのまま借り受けたといっても過言ではない。ガットマンに会った時からこの感じは強く、直感的に同類だと思った。ガットマン・スケール以来、林はガットマンの進んで行く道程に沿って歩んでいるのを感じた。ガットマンとの話は実にすっきりしていて快適であり、勘所を突いていて大変面白く楽しかった。

ユダヤ人は日本に関する興味関心が強く、自分も日本人の国民性を調査したい、とガットマンは言った。日本での調査は甘く考えると見当はずれになる、非常に複雑な国なのだ、と林は忠告した。それに対して、イスラエル社会も相当複雑で相互の文化を尊重するのは両国とも同じだと答えて、彼らはお互いの国の文化を尊重することで一致した。

バークレーのガットマンの家は山の上にあり、サンフランシスコの街が一望の下に見渡せた。ここでの食事が、林がエルサレムで食べたものと同じであったことに、林は驚く。ユダヤ教徒の真摯な雰囲気が充満し、家族はイスラエルの話を好んでした。ガットマンは金曜日は早く家に帰らねばと慌ててるらしい。だがガットマンは、家族と同じようにイスラエルの話には加わらなかった。

〔…〕夜の香りの立ち込めた中を彼と共に山の中腹にある Claremont のホテル（tremendous hotel と彼は言う）へゆく。外側は古典的であるが、内側は例によって日本障子の design を取り入れてある。このラウンジで一杯飲もうという。内部は全く薄暗い。大きなラウンジのガラス戸を通して両名は飽かず灯の海を眺めている。くっきりした淡碧の空に星がかがやき、目の下には檳榔樹がしげっている。atom の現象が満ちているように小さな光の珠があっちへぶつかり、またぬけるように見える。自動車のライトである。Bay Bridge も近く星をつらね、Golden Gate Bridge も遠くかかって星を小さく重ねている。飛行機のライトもちらついている。Lounge の向こうではピアノ引きの女をとりかこんで男たちが回りで低い声で合唱している。酒杯のさざめきが聞こえる。これがとぎれとぎれに聞こえる。西洋だなあと旅の終わりで感じ出す。すべて終わった気安さからであろう。今は彼も自由にイスラエルを語る。〔…〕(『科学基礎論研究』一〇号、一九五六年)

林はガットマンとの一夜をすっかり打ち解けて穏やかに過ごし、うっとりするようなサンフランシスコの夜景を山の上から眺めたあと、旅の最後の地であるアメリカを発った。アメリカの西海岸の大都市ロスアンジェルスとサンフランシスコは、前者が老舗の町であり、後者は新しいアメリカの町であると感じた。

9 国際比較研究への意欲

何という超特急の在外研究期間であっただろう。百日余りの間、息切れもせず、見るところはすべて見て感じたのは、いずこも不思議な国だということであった。まるで、イギリスの作家、ルイス・キャロルの『不思議の国のアリス』の世界だ。どこかの木の上でチェシャ猫がニタニタ笑って彼の行動を見ているような、奇妙な雰囲気に満たされる(ちなみにルイス・キャロルは作家としての筆名で、本名はチャールズ・L・ドジソンと言い、数学者であり論理学者だった)。そして、国際比較研究は生半可な尺度で測れるものではないと感じた。単純な国際比較は誤解されるからやめたほうがいい、むしろするべきではない、とさえ思った。単純な尺度でアメリカとドイツを比較しても、その差異が十分に理解されるにはほど遠い。深く内容を極め、そこからさらに考え直して何度も採取されたデータから尺度を作り直し、国際比較研究をしなければならない。林はここに一つの研究課題が存在するのを実感した。

帰国後に在外研究を振り返ると、イギリスの特異な雰囲気は他の国々と比較にならないほど、洗練されているように感じた。特に、イギリスの統計学には独特のにおいがあると感じた。彼らは抽象的な議論はしないし、単なる一般論もしない。つまり、現実にしっかり根を下ろしてじっくりと物を考え、統計の方法を考えてゆく。ほかに目移りなどはせず、自分に必要な問題にしか真摯に取り組まない。さすがにイギリスの統計学は経験論から出発しただけのことはあって、データの科学が息づいているように思った。フィッシャーの推測統計学も、データの分析的視点から見れば、データ中心主義である。フィッシャーは現実に農事試験場で具体的なデータと取り組み、純粋数学的な理論だけでは現象の解析は不可能であることを察知していた。確率主導型からデータ主導型への移行を実感している研究者の姿勢が読み取れた。

林はフィッシャーのことを論ずるときには口癖のように、気に食わぬところがあるが筋は良い、とつぶやくことが多かった。分散分析の基礎を築いたフィッシャーのやり方に苦言を呈しながらも、彼の業績は高く評価していたのである。

林はその頃の心境を以下のように綴っている。

私は一〇〇日間、イスラエル、トルコ、スイス、スエーデン、イギリス、アメリカとまわって、主に統計的方法の研究についての諸情報を把握しようとしたものである。〔…〕この間、今更もって強く感じたことは、旅行記とか観察記録とかの多くのものは眉唾ものがかなり沢山あるということであった。外国へ出れば、何か「違い」を強いて見出そうとする意志が強くはたらく。また自国にいた時ねむらせていた感覚をいやが上にも敏感に働かせる。この結果ややもすると何でもないことにも深い意味をこじつけることになる。異国では恒星の間隔さえ違って見えてきてしまう。特定の国一辺倒、心酔型のものであれば、何でもかんでもよく解釈しなければ気がすまず、全く同情的な筆致となる。犬が吠えて、猫がないてもその中に意味を見つけ出そうとする。また一面的なわずかな観察をもとにして各自独特の卓見を心行くまで働かせて、すぱっと割り切ってゆくので、一見非常に底をついたような見事なしかし実際的にはとんでもない一般論が出来上がってしまう。〔…〕複雑なものを深くあれこれと条件解析して次元的な分布として把えようとせずに単純な軸だけで決定論的に話をすすめる行き方は統計をしている者にとっては非常に不愉快に感じられるのである。

歴史とか習慣とか環境とかで他国ものには一見相矛盾しているかにみえる不合理さ、またある解釈の下では全くの合理的な行き方の中に生活しているのが実際の相のように思われるのであって、それなりに理解してゆくのが楽しいのではないかと思われる。〔…〕（『科学基礎論研究』八号、一九五六年）

第六章　マーケティングリサーチと多次元尺度解析研究会

1　マーケティングリサーチに取り組む

一九五三年頃、朝日新聞社広告部の桶本正夫が統計数理研究所を訪れ、「広告費用と効果の最適化」問題をオペレーションズリサーチ（ＯＲ）の考えで研究したいので、協力してほしいと、林知己夫に申し入れてきた。オペレーションズリサーチはもともと軍事研究から出てきたもので、林が戦時中に行なっていたＢ29に関するデータ分析の課題は、いかに命中率を最適化するかという点でＯＲそのものであった。それが、広告費用と効果の関係を最適化するために応用されているのだ。マーケティングリサーチにおける費用対効果の最適化方法と言えばよい。

また、朝日新聞社広告部は書籍の広告に関心を持っていた。そこで、新聞購読者を読書人と非読書人の二群に分け、数量化Ⅱ類で分析することになったが、これは初めてマーケティングの分野に数量化理論が使われた例である。さらに、新聞広告のリーダーシップ・スコア（注目率）の予測を数量化で行なうことになり、当時まだ新聞社入社二年目であった新人の村山孝喜とともに取り組むことになった。村山は学生時代に東京大学で非常勤講師をしていた林から「社会統計学」の講義を受けていたが、ほとんど理解できなかったという。そもそも林の話す言葉がわからない。以後彼は林の話す言葉を「林語」と名づけてその言葉を理解することから始めた。日本語なのだが、内容がわからない。「林語」に通暁するための猛勉強が始まった。統計数理研究所まで出かけていって林にごく単純なことを質問し、理解できなければ理解できるまで粘って遠慮なく質問しつづけた。林の論文や原稿も次第に読めるようになった。そんな経緯があったためかどうかはわからないが、当時の編集次長は林との調査研究を村山に割り当てたのである。村山は林とともにマスコミの接触率、視聴率、読書人・非読書人などのマスコミ調査を行なった。科学的態度に関して熱弁をふるう林の情熱に打たれたという。

林は村山とずいぶん多くの仕事をした。この種の奮戦記を村山と共著で『市場調査の計画と実際』と題して一九六四年に日刊工業出版社から上梓した。これは数量化理論について林が初めて書いた本ということで、多くの人に読まれた。必ずしもマーケティング関係の人々ばかりではなく、多分野の研究者が持ち歩いて読んでいるのを見て林は驚いたものである。これを期に、マーケティング関連分野に、数量化理論が広がっていく。林は、現場がいかに多くのデータ解析の方法を学びたがっているのかを痛感した。

当時の日本は新製品開発に精力を注いでいたから、市場調査にとって数量化法は必須の手法になった。統計数理研究所の林知己夫が新製品開発の購買予測の調査に加担していると知って、方々から調査の依頼が舞い込んだ。市場調査だけでなく、医療関連の研究も多かった。

2　視聴率の予測

テレビの普及率が高くなると、テレビ番組の視聴率の予測の問題が出てくる。それを調査し分析する手順は新聞広告要因分析と似たような分析になるが、しかし、テレビの場合は、番組の内容にも詳細な分析が必要になる。また出演者が誰であるかも重要になる。この問題を手がけたのはNHK放送世論調査所の杉山明子（旧姓、堀）で、彼女はどっぷりと数量化理論にはまって分析していた。一九六〇年代はじめは、数量化Ⅲ類を使ってラジオ番組種目嗜好分析を行なっていたが、しだいにテレビ番組へと移行した。その方法は、ある時点での視聴率調査を土台にして、要因パターンと視聴率とを関係づけるという考え方である。その結果、新しい番組を放映した時の視聴率と予測が一致したのである。

さらに、当時、森永製菓の広告部長であった小宮淳一は自社提供番組の視聴率に神経をとがらしていた。今日ではスポンサーが一つの番組に相乗りして広告予算を投資し、番組の当たり外れによる危険を分散することが当たり前になっているが、当時は他社との相乗りなどみっともないと思われていたから、一社提供番組が多く、その番組が外れると広告部の面目が立たない。今以上に新番組を買う時は社運をかけて臨んだ。かつて、彼は林の「感覚の数量化理論」を番組の視聴率予測に使えないかと林に依頼して、承諾を得て成功したことがある。林は気軽に彼の相談に乗った。この感覚の数量化による視聴率予測でえた「勘」によって、森永製菓の広告部は会社に損害を負わせることなく今日の地位を保っている。

このＮＨＫや森永製菓の場合はうまくいったが、必ずしもすべての業界が数量化理論を会得して視聴率予測に供したとは限らない。林は、数量化理論を十分に理解せず、先を見通す眼力のない面々が群がる広告業界のなかでのマーケティングリサーチが、いかにも無駄な作業に思うのであった。それほど、相手のデータ分析に対する知識が脆弱であった。そのような状態では、マーケティングリサーチなどしても虚しい。マーケティングリサーチを経営戦略に役立てるための組織構築を考えない限り、その効果は乏しいと考えた。

林は戦時中のことを思い出し、軍隊組織の方がまだましだったと思った。当時の参謀本部は三つの部署から成り立っており、その間を駆け巡るリエゾン・オフィサー（連携事務官）の重要性は誰もが認識していて、真剣であった。他の部署の情報はリエゾン・オフィサーの情報伝達によって知ることができる。彼らは真剣に耳を傾け、それぞれが皆同じような意識で作戦に参画していた。しかし、マーケティングリサーチを手がける会社組織にはその種の真剣さが足りなかった。電通という大会社も、なかには優れた人もいたが、どうしても林の意図する調査やデータ分析に通暁している人材が不足していたので、多くの調査機関を設立しなければならなかった。

そんなわけで、雨後の竹の子のように調査会社が出来上がった。マーケティングリサーチ研究所、マーケティングリサーチ協会、マーケティングサーヴィスなどである。これらは電通や大学研究室とは直接関係はなく、その都度、必要に応じて設立されたもので、それほど当時社会調査が必要だったのである。

林が日本世論調査会会長になったのは一九八五年で、六七歳の時である。

当時、電通と共同研究を行なっていた各大学の教授は、自分の大学の大学院生を、現場学習として電通で行なう調査に参加させていた。しかし、これは学生たちにとっては大体が小遣い稼ぎであり、割り当てられた家を一軒一軒調査して歩くことを怠り、喫茶店に入って一〇人分の調査用紙に勝手に書き込むといったことを平気で行なった学生もいた。実情を知って電通のマーケティング調査部は大いに慌て、本格的な調査技法を習得するために統計数理研究所へ日参した。

テレビの急速な普及から視聴率が重要であると考えた電通はビデオリサーチを誕生させ[1]、またフィールド調査の重要性から電通リサーチという子会社を作った（後に電通リサーチは総研を吸収合併し、電通マクロミルインサイトとなった）。電通はその後、さまざまな時代の嵐に呑み込まれながらまず銀座、築地に電通ビルを建て、現在は汐留に巨大なビルを建設し、多くのマーケティング業界関連分野に貢献している。

ビデオリサーチが視聴率調査のサンプルデザイン（標本設計）、データ回収、サンプルの秘匿、データ分析、複数TVといったさまざまな問題に触れているなかで、林は現場で多くのデータ分析を行ない、自分の考えを披露した。コンピュータの発展、それにともなう数量化法の普及、市場調査の発展とマーケティングリサーチ関連部門の強化と研究発展、さらにそれまでアメリカ式調査法に頼って調査を実施してきたが、新たな日本的調査方法の開発、これらの実地研究を活用した日本の国民性調査の重要性が、彼の脳裏を駆け巡った。

3 現場主義

世間に商品を売り出す時にまず覚悟しておかなければならないのは、よく売れる商品であっても必ずいつかは売れなくなるということである。この場合の処置方法について、林の意見はたいてい次のようなものだった。つまり、勝ちだの負けだのというと、どうしても戦争のことが頭にうかぶ。彼は戦時中、OR班のようなところにいたが、いやというほど敗北の情報に接している。前述の電通マーケティング部から相談を受けた時も、戦争での敗北の情報を聞いたような気がした。戦時中の様相と驚くほど、その過程が似ていたのだ。いつもこの二つが二重写しになる。

敗北に対処することは非常に大事なのであるが、なかなかこれを考えることをしない。いかにも「敗北主義」のようで景気の悪い話なので、口にするのも憚られることになる。特に、日本人の気質やその場の雰囲気からは敗北を口にすることは勝負に負けたことになると考えて、口にしない傾向が強い。それでいて企業は、調子が悪くなると情報を取り扱う部門に過大な要求をする。調子が悪くなる前に対処すれば、手の打ちようはある。この兆候の把握や状況判断に全力を傾倒すれば、情報部門の活躍の道は十分にある。しかし、悪くなってしまっては抜本的な方策しかなく、情報部門のみでは手に余ることになる。

調子のいい時のマーケティングは何をやってもうまくゆくものである。攻めるべき時は徹底して攻めるべきではあるが、いつか、守りに転じる時の来ることを覚悟しておかなければならない。これを見極めて対処するマーケティングが必要なのである。そうなる兆候を察知することが重要なのである。その上に立って、うまくいっているうちに、どこが良かったのか、どこがみずからの情報に基づく行為決定によるものかを冷静に判別し、打つ手を一歩先んじて考えることが必要である。

先の敗戦についても、日本とアメリカの統率形態の差を知ることが大切である。日本の場合、上部機構になるほど、命令は精神訓話的であって具体性がない。こまかい命令は、その大綱指示に従って、下部の機構で創意工夫し、臨機応変に出してゆくのが前提になるが、下部組織にその人材が不足していた。

勝利時のマーケティングとしては生き生きとして爆発的に成果が上がる。しかし、崩れだし、負けだすと、下部では手の施しようがない。上部でいくら精神訓話をして、立て直そうとしてもその訓練ができていないから、後退してじり貧になり壊滅の道をたどることになる。アメリカ型は上部の機構で全て細部に至るまで決定し、そのマニュアルに従って下部は行動する。これは敗勢の時には強い。大きく見通し、現場の個別の見通しを無視し、ここまで撤退と大局的に撤退の線を決めて下がらせ、そこで再攻撃の方策に従って挽回を図ることが可能である。経営でも、全く同じような道をたどらせるのだろう。

日本の場合、上述のように現場重視である。軍隊では、日焼けのしない、生白く気の抜けたような参謀の言うことにはだれも耳を貸さない。しかし、現場の虫は、軍隊でも企業でも厄介な存在である。現場で負けて帰ってきた参謀やリーダーを、現場を知っているからと言って中央の要職につける。だからますます始末に悪い。抜本的な手を打てずにじり貧になっていくのだ。こうしたことが今日の日本でも行なわれているのではないか、といったことを、林は常々言っていた。

林知己夫の現場主義は、単に場数を踏めば状況がよくわかるのだという日本人の習性を皮肉っている。現場は重要である。しかし現場主義という言葉のなかには、現場で経験した多くの事態からくる勘だけではなく、多くの科学的な知識も必要であるという意味がある。この種の知識や信念を持たせるのは、一朝一夕にできることではない。初等教育の段階から何かにつけて、ものごとを、観念だけではなく、手にとって具体的に実物を凝視し、そこから何かを体得してゆく姿勢を培っておかなければならない。貪欲に知識を吸収したいという欲求が内側から湧いてくるような初等教育が是非とも必要なのである。

4　多次元尺度解析研究会

一九七四年に統計数理研究所で林知己夫、飽戸弘を中心にして、「多次元尺度解析研究会」が催された(2)。その折、文科省の科学研究補助金が下りたのを幸いに、何を調査対象にするべきかを議論した結果、誰もしたことのない調査にしようということになった。そうして始まったのが「お化け調査」である。狭義のお化け（悪霊、幽霊、霊魂など）に限らず、占い、未確認飛行物体（ＵＦＯ）、河童、雪男、ネッシー、妖怪、人のたたり、超能力などを多次元尺度で解析してみようということになった。

当初、数理統計学分野では多変量解析（Multivariate Analysis）が盛んに用いられていたが、それに反して多次元尺度解析（Multidimensional Analysis）という分析法が用いられることになった。前者は数量的データを多次元的に分析する方法であるのに対して、後者は質的データを数量化して多次元的に分析する方法である。さらに、この方法はガットマンの最小空間解析（Smallest Space Analysis：ＳＳＡ）の考え方に類似している。ＳＳＡに対して林は最小次元解析（Minimum Dimension Analysis: ＭＤＡ）という分析法を考案した。分析法の名称が紛らわしいが、以下にＳＳＡとＭＤＡの分析法の筋を示し、比較してみる。(3)

5　最小次元解析

最小次元解析（ＭＤＡ）とは、多数事象からなる諸現象のなかに含まれる不必要と思われる部分を切り捨て、現象の本質をなるべく少ない変数で押さえながらその本質を見極めるために考案された、多次元尺度構成法の一つである。つまり、複雑な夾雑物をも含む現象を集約し、それを簡潔に表現しようとするオッカムの剃刀(4)を徹底させたものである。「最小次元」という概念は、多くの多変量統計解析が考案されて以来、この分析技法の性質上、常に使用され、議論の的になるべきはずであるが、この概念がのっけから議論されることは少なく、多くは中心課題である「次元の縮小」（reducing dimensionality）、「最小次元性」（minimum dimensionality）、「測定値縮小」（data reduction）

といった説明概念にとどめる程度であった。

たとえば、因子分析法などは複雑なデータをすっきりさせ、分かり易くするための方法で、データを二次元平面空間、ないしは三次元立体空間で表現しようとするものである。この種の空間的表現は、もっぱら二次元平面の空間布置図を描くにとどめることが多い。とはいえ、だからといって、そのデータは二次元ですべてが説明されるわけではない。次元の数は変数項目の数だけ存在するわけで、ここで言っているのは数学的次元ではなく経験的にクラス分け程度の意味を持つものであり、多くの変数をなるべく効率的に分類することを目的としている。その場合の分類の基準は相互に相関の高いもの同士、ないしは似ている程度の高いもの同士が集まるように工夫され、その基準に照らして次元の解釈をする。多くの変数「項目」のなかには、相互に関係の深いものが含まれており、この分類によって、その現象を説明するために要する変数項目は少なくなるはずである。変数間の相互関連性を検討し、なるべく少ない変数で現象を説明するためにクラス分けをするのである。事前に集団分割ができていれば、このような手間を省くことができるかもしれないが、複雑な現象一般においてはそのような処置のできないものが多くあるために、因子分析法などの分析法に頼って、現象解明の一歩を踏み出すことになる。

6　非計量的ＭＤＳ

Ｗ・Ｓ・トガーソンが多次元尺度構成法（ＭＤＳ）を考案した後、その一般解ともいうべき方法として、R・N・シェパードが非計量的（non-metric）MDSを考案した。これは、なるべく緩い条件のもとで最小次元を見つけるための分析法として、MDS一般に一つの道を開いた。因子分析法、トガーソン流のMDS（metric MDS）よりもさらに簡潔性に富んだ方法である。それによると、ある一つの最小次元を保持しうるような目的関数（一般に、単調関数）を定め、それを一次元の場合、二次元の場合といった具合に低次元から始めて、次元ごとに当てはまりの状況を考え、なるべく三次元くらいで収束させてしまおうという方法を取る。三次元で収束しない場合は初めからやり直しで、変数選択をしたり、変数間の相互作用などを考えるためにクロス集計からやり直しをするという試行錯誤的立場をとる。シェパードの方法のアルゴリズムを整えたJ・B・クラスカルの場合は、あらかじめ高次元（ほとんど三次元）より始めて、順次、次元を下げてあてはまりの状況を検討するというプロセスをたどる。

このようなシェパード-クラスカル・タイプの非計量的MDSでは、一見、錯綜しているようなデータであっても、その性質がすでに明らかなものであると予想がついていなければ見通しが暗い。また、あらかじめその現象について詳細な見通しがついているような場合には、当たり前の結果しか得られないことが多い。その理由は、初期値の与え方がデータそのものを全く無視した機械的な与え方（シェパードは二点間の距離が相互にすべて等価になるような正則単体[regular simplex]の頂点の座標、クラスカルはすべてランダムな値）なので、必ずしもそのデータに適合するようなものではないからである。その意味において、最小次元を得るまで強引に反復（iteration）を繰り返し、何とか結論を得ようとするので、結果については妥当なものであるという保証はない。そこで、データの再現性問題が深刻になる。さらに、三次元空間ですべてを説明しようと既に次元の数を定めているので、当該データが三次元で収束するという前提条件を満たすようなものでなければならず、複雑な社会現象などに適合する可能性は低い。

7　SSAとMDA

そのような経過をたどって生み出されたガットマンのSSA（最小空間分析）、林のMDA（最小次元解析）では、初期値の与え方が、そのデータの性質を忠実に反映するという意味で画期的であった。SSAはあらかじめデータの性質をよく吟味するために、ファセット・デザインで、事前に要因を定めておくようにデータの配置構造を考えておく。あるデータにはSSAが効果的であったり、MDAが適切であったりという具合に、それぞれの特徴を考えて分析をする必要がある。それぞれの分析法にはそれなりの特徴があり、データの性質によってはより有効な方法が生み出される可能性がある。社会に存在する多様なデータは、いかに分析技法が秀れたものであっても、それを適用できるかどうかはデータの性質に依存していることを敏く見分ける眼力が必要になる。今さらではあるが、今日のように複雑系のデータが氾濫する時代には、特にこのことを十分に認識しておくことが肝要である。測定誤差はもちろんのこと、反応（回答）や無回答による回答誤差などの、データに付きまとう誤差の処理が最も重要である。これがデータを科学的に処理する場合に重要なことである。生《なま》のデータ（ロウ・データ）と真のデータの間の乖離問題は古くて新しい問題である。(5)このように錯綜したデータを分析技法によってすっきりしたものにするという考えもあるだろうが、すっきりさせたデータが真のデータであるかどうかを吟味することも必要である。なぜなら、夾雑物に紛れて捨てられた生のデータのなかに真のデータが潜んでいるかもしれないからである。SSAではファセット的次元操作によるデータの配置、個人差などを十分に考慮したり、MDAでは集団分割してできるだけ反応誤差を抑えるように工夫している。個人差を考慮したMDS（多次元尺度構成法）が旺盛を極めていた頃はガットマンの手法やイリノイ大学のタッカーなどの手法が盛んに用いられていたが、今日では、この種のMDS手法は、いつの間にか影を潜めている。調査・実験分野では、できるだけ手間を省く習慣が常態化しているのではないだろうか。

なお、MDAはガットマンのSSAが登場した折、この方法の名称にちなんでつけられたもので、林の一連の数量化理論のなかで、最も検証を迫られていたのはK–L型数量化法であった。その逐次近似的手法の妥当性、最小次元を見つけ出すという目的が明らかであったことから、SSAと対比させながら検証した時に初めて使用された名称である。ただし、K–L型数量化法はその分析法の性質上、制約条件が厳しく、非計量的というよりも、計量的ないしは準計量的方法と言えるので、データが明らかに整備されている場合や、少変数のものにしか適用できないという難点があり、その意味においてMDAはK–L型数量化法を一般化したものであると考えることができる。さらにMDA–OR（Minimumu Dimension Analysis by ordered class belonging）、MDA–UO（MDA by unordered class belonging）などの解析法が順次考案されたが、単純な少数データにしか適用できないという意味で、今後のＭＤＡに関する方法の課題となっている。

8　お化け調査

統計数理ではデータの因果関係を知ることが重要である。だが、曖昧模糊としたデータに因果関係の存在することはあり得ない。そこで、林は「因果関係」を「因果関係らしきもの」と定義して分析する。お化けのようにこの世に存在しているかどうかさえ不明確な現象を数量化して分析するということは、ある意味で非現実的であり、興味本位に流れやすいが、しかし、この世には摩訶不思議な現象も多い。林はこの種の不確実なデータを扱う時に、「魑魅魍魎《ちみもうりょう》」という文字の書かれた色紙を研究室に飾り、想像上の生物「河童」のぬいぐるみらしきものを机の上に置きながら、随時、それを眺めてデータの分析を行なった。河童に魅せられた彼は河童の足跡と思われる印鑑を作り、重要な書類や本に押印した。河童の印鑑がついていれば、彼の所有物であり、重要なものであることがすぐに分かった。

ある時、筆者は林から「京都の安倍晴明のお墓にお参りしろ」と言われた。「安倍晴明」の名前や陰陽道という言葉すら知らなかった筆者は途方に暮れたが、当時の社会は占いが流行しており、特に若い女性が男性を選ぶときに星占いを頼りにするということが社会問題にまでなっていた。筆者は猛然とあらゆる占星術、陰陽道の研究書を読み、会う人ごとに生年月日を尋ねながらデータ収集に奔走した。その結果、筆者は「四柱推命学」に大変詳しくなり、多くの人たちの運勢を占うことができるようになった。最初の被験者は林であったが、彼の運勢はかなり変わっていた。筆者は次のように述べた。

「多分、先生は芸術家向きでしょう。数学にしても芸術的に思索する特異な統計数理学者です。正統派の数理統計学者とは異なった視点で考えるから、むしろ、他分野の人たちとの関係の方が良好です。感性が鋭い、勘が良い、しかも先祖（血統）の恩恵を多く受けている。配偶者に恵まれており、大変幸福な人生です。親に感謝するべきでしょうね」

すると林は「親には感謝しているよ」と嬉しそうな顔で頷きながら、「それじゃあ、今後の僕の運勢はどうなるんだね、推測しろ」というので「敵が多い、その数は半端じゃあない、弁慶みたいに体中を矢で射抜かれて無念の思いで果てるとか……。長生きの相はあるけど、満足していない。人並みに平穏という運命ではない。多分、お化けになるんじゃあないですか。この世に未練を残して……」。彼は長生きの相があり、八〇歳以上は生きるであろうと推測された。当時としては八〇歳以上は長命であった。「そうか……」と彼はしばし強張ったような表情をしていたが、それきり、黙り込んでしまった。今、思えば、確かに林に関する占いの結果は大方が的中したと思われ

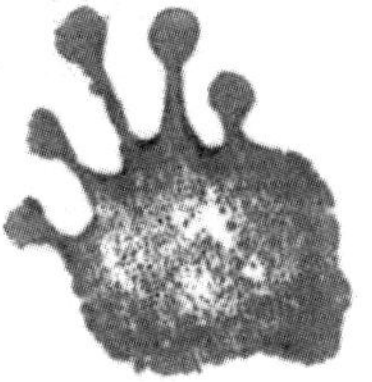

図 6-1　河童の足跡の印鑑
この印鑑は林の蔵書の奥付に押されていた

る。

さて、いよいよ「日本人の態度基底調査」なる名称をもって、いわゆる「お化け調査」が、調査対象地域を東京都と山形県米沢市に絞って実施された。お化けに対する認識の度合いは米沢市の方が若干多かったが、それほどの地域差はなかった。

お化けとしては一二種類——雪男、ネッシー、空飛ぶ円盤（宇宙人）、幽霊（亡霊）、河童、妖怪、超能力（念力）、人のたたり、人を呪い殺すなどの怨念、過去や未来へゆけるタイムマシン、龍、鬼——を挙げ、それぞれに対して八種類の質問を用意して、読み上げて回答を得た。

一つの項目に八種類の回答が得られるのだから、かなりヘビーな調査であるが、回答者は面白がって回答した。回答の種類は存在するか否か（「いる、いない」）、期待する（「いてほしい、いてほしくない」）、情緒反応（「怖い、面白い、つまらない等々」）である。この調査は一九七六年と七八年の二回にわたって同じ調査をしている。さらに、信仰や信仰の意識、実行している具体的な宗教行動、宗教度、生活上の習慣、しきたり、それらの知識、迷信へのこだわり、縁起を気にする程度、お化けの存在感と確からしさ、お守りの所有、超常現象、運勢判断、民間療法行動などを尋ねている。詳細はこの研究会で発刊した二冊の書物を参照されたい（林・飽戸編著一九七七、一九八四）。数々の魑魅魍魎現象がどのようなパターンに分かれたのかを次頁の図に示す。

さらに日本人は迷信についてどのように考えているのかを結果から考えてみよう。一般に、迷信にとらわれるのは教養がないからだと、考えられる。しかし調査してわかったのは、教養があればあるほど迷信といわれるものを信じている、いわば、高学歴であればあるほど非科学的であるという常識に反する結果が出た。特に超能力やタイムマシン、UFO、ネッシーや雪男などに対する関心度が高かった。

この調査以後も、いわゆる超自然的な現象に対する林の興味関心は続き、彼のお化けに関する所

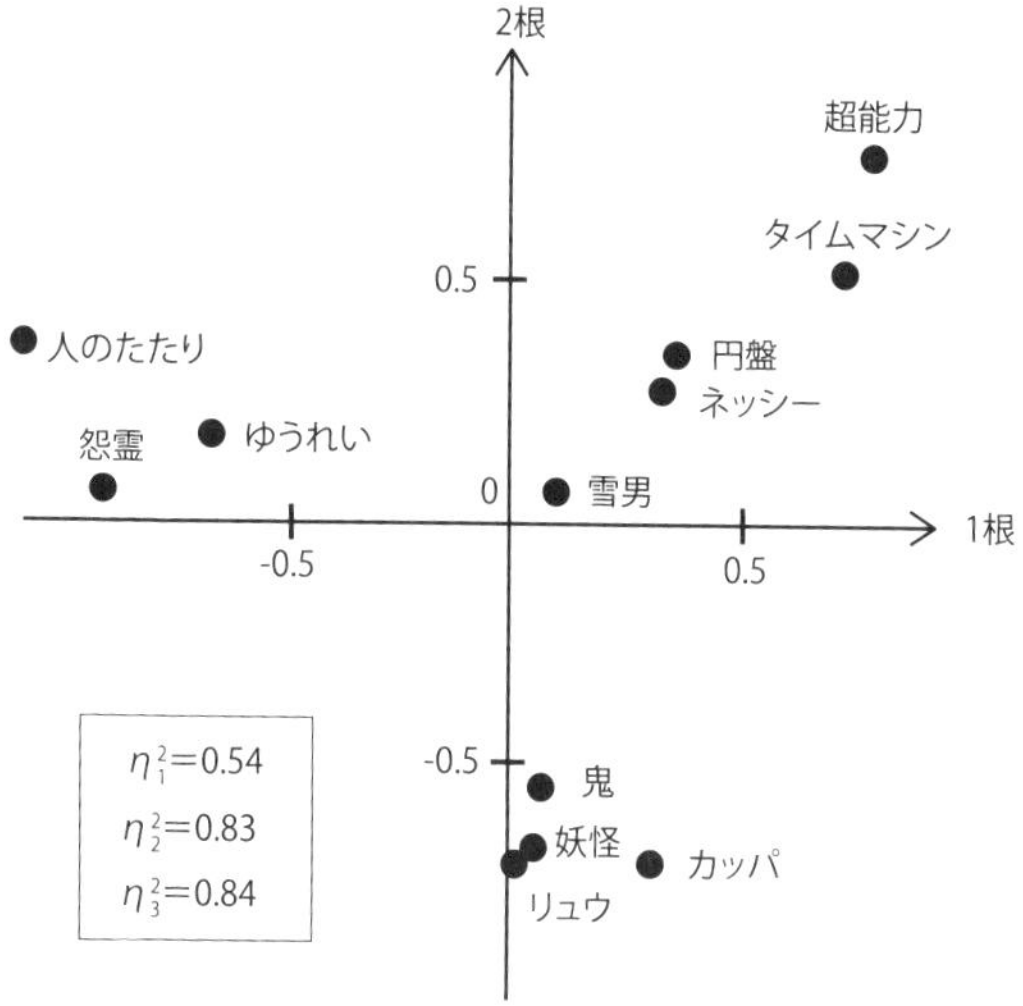

図6-2　お化けを計量する。快刀乱神の心の関わり合いの二次元布置図（林、1980）

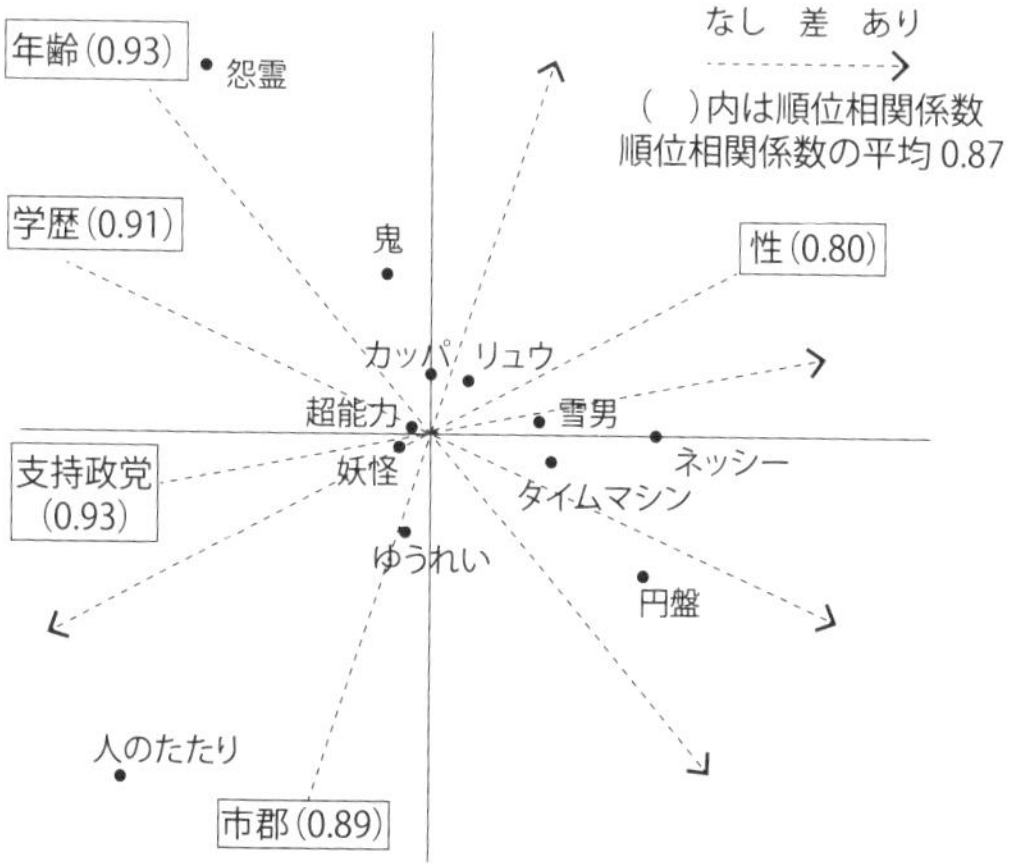

図6-3　属性との関係（林、1980）

感は『朝日新聞』『数理科学』などの多くの新聞、雑誌に掲載された。寺田寅彦の「魑魅魍魎」「怪異考」「化け物の進化」に関する随筆を引合いに出して、少しは合理的に見えるものでも、非合理としか考えられないような現象は存在し、ある時、それは恐らく長い時間の果てに、科学的に証明されるであろうと論じた。人間の知性の抜きん出ている所以は、そのような事項に興味を抱き徹底的に掘り探ってゆこうとする探究心や好奇心にあるのだ、と林は述べた。

寺田寅彦は、人間の心の深い部分には古層というものがあって、それは人知れず、何らかの拍子でその人間の行動に影響を与えると考えた。心理学的にいえば、「普遍的無意識」と呼ばれているものである。無意識裡に人はそれに動かされ、不可解な行動をとってしまい、非合理の世界が展開され、人はそれを故もなく「魔物」という。それは常にその個人の心に住み着いており、何万年の歳月を通して培われてきた原始の世界で、人間の遺伝子に組み込まれてしまった古層である。もしそれが不意に現われ、無意識に思いもよらないことを行なっているとしたら、そこに因果律の介入する余地はない。この種の現象はデータに明確にすくい上げられずに捨てさられる。データのなかで照射されたその一部に、この種の貴重なデータが放置されていたのだとすれば、真の値を構成する要素は案外この種の捨てられたデータにあるのではないか、と林は時折り考えた。林が真の値を求めるために回答誤差モデルに熱中する、その姿勢のなかには、このような感性が存在していたのではないか。

奇想天外な原始の心をわれわれはただ笑って見過ごすことができるだろうか。「因果関係らしきもの」の存在を多次元尺度解析で分析しようとした林の思いは、このように深い心の襞から生まれてきたものかもしれない。

データの科学は、因果関係に拘る呪詛から解き放たれ、探索的に個人の知恵を高め、知識を広めつつ、複雑・曖昧なものを取り扱う科学の進展に寄与したいものと考える。（林 二〇〇一b）

第七章　科学基礎論学会と行動計量学会

1　科学基礎論の重要性

第二章で述べたように、林知己夫が統計数理研究所に入所（一九四六年）してから一カ月もたたないうちに、大学の指導教官であり、研究所直属の上司（所長）であった掛谷宗一が死去した。掛谷は日本学術研究会議の会長も兼務しており、アメリカ占領軍と折衝を続け、アメリカによる日本人の愚昧化政策に抵抗していた。この過酷な折衝から疲労困憊したのか、六〇歳で波乱万丈の生涯を終えた。その後、五カ月を経て、末綱恕一が半年間所長を兼任した。統計数理研究所に入所して間もない林にとって、これほど心細いことはなかったが、末綱に出会った彼は、第二の指導教授にも等しい末綱から多くのことを学んだのである。末綱の専門は整数論であったが、西田哲学をもとに独自の数学基礎論の確立にも努めた。彼は高木貞治の直系の弟子であった。

高木は京都の三高時代に、金沢の四高から三高の教授となった河合十太郎のもとで数学を徹底的に教育され、そのあとは東京帝国大学の数学科へ進学した。その頃、下村寅太郎（科学哲学）を通して西田幾多郎や鈴木大拙と知己になり、専攻は整数論であったが、哲学と仏教、とりわけ華厳経の研究に没頭していた。

林はこの高木に学んだ末綱から整数論を教わった。しかし単に整数論や統計学を機械的に学ぶだけでなく、科学や数学の基礎に関する考え方、フォン・ミーゼスの確率論に関する基礎的考え方など、なぜ、そのような仕組みが成り立つのか、その基本的考え方を学んだ。「数」とは何か、トドハンター、デデキントなどの数学基礎論に登場する著名な数学者の業績に、林は心を奪われた。しかし、末綱の教えはそればかりではない。前述のように、西田哲学、禅の思想、仏教思想（華厳宗）を深く学んで、自身の数学基礎論に反映させていたのだ。必然的に林もその思想を学んだ。これらの思想が林の統計学発展のための哲学を構成している。

彼は現象の基礎になることを極め、現実に与えられたみずからの選択による統計学がその思想と合致し、統一されなければならないということを学んだ。そうでなければ、理論的で、かつ実際に役立つ統計数理が生み出されるわけがない。このような一貫した思想のもとにこそ、現実に役立つ学問が形成されるということを、彼は深く肝に銘じたのである。林が研究を開始した頃の日本は、敗戦の直後であり、学問体系も混沌として、彼が構築した統計数理の方法も次々と訪れる現場の悩みを解決するための道具でしかなかった。だが、現場に押し流されてみずからが構築した哲学思想を失ってしまえば、その後のデータ解析の健全な発展はなかったであろう。

末綱は一九五六年に設立された科学基礎論学会にも、中心的なメンバーとして関わっている。初代理事長は高木貞治であり、理事は彌永《いやなが》昌吉、大江精三、下村寅太郎、末綱恕一、湯川秀樹など、数学、物理学の錚々たるメンバーが含まれていた。髙木は前述のように旧制三高の出身で、西田幾多郎に哲学を学び、西田から哲学を専攻するように勧められたが数学を専攻した。科学基礎論学会では、西田哲学や鈴木大拙の禅の思想、日本人の霊性に関する研究も盛んに発表されていた。髙木貞治は、単に整数論の泰斗であるだけでなく、哲学的学識を備えた数学者であった。いかにも、科学基礎論学会の初代理事長に相応しい学識の持ち主であった。

林の専門はいわば「統計学基礎論」ともいうべき分野に属するであろう。この学会は科学の基礎に興味を持つ研究者の集まりで、主に数学、哲学関連の人々が多かったが、そのほか物理学、化学、生物学、工学、心理学、医学、社会学、経済学など、さまざまな分野の研究者が集まった。科学の基礎に関心をもつ研究仲間である。科学哲学を志向する若手の研究者は機械的論理に興ざめすることが多かったが、なかには実存的・実相的思考で科学哲学を論ずる研究者もいて、多士済々の学会であった。林もこの学会の理事になり、末綱の片腕となって活躍した。末綱亡き後は、林がこの学会の理事長に推挙された。さらに『末綱恕一全集』全三巻の編集にも力をつくした。

2　人間の行動を計量する

一九七一年、林のもとに、青山学院大学文学部の助手で心理学を専攻していた丸山久美子（筆者）が、指導教授であった瀬谷正敏（青山学院大学）の推挙により、派遣されてきた。瀬谷は、「もし自分が女なら林知己夫のような男に惚れたであろう」という、極めて率直な心情の吐露のもと、自分の大事な弟子を林のもとに里子に出したのである。それ以前にも丸山は統計数理研究所の専攻科で数理統計学を学んでいたのだが、期せずして林の弟子になった。

丸山は「数理心理学」という研究分野を専攻していた。これは心理現象を数理モデルで解明するという研究テーマである。心理現象は非線形現象であるから、数理的には非線形数学が必要である。また人間が生存しているこの空間はユークリッド空間ではなく、非ユークリッド空間である。ユークリッド空間は非線形空間の特殊例であり、この空間を解明することが心理現象を解き明かす前提条件である。このような方針で研究を進めようとしたが、当時はまだ計算機が発達しておらず、人間の手で非線形方程式を解くなど考えられない。だから、ある条件を設定して現象のごく一部を計算し、それを全体に当てはめる工夫をしたのである。林は一次曲線（山が一つ。ガウス分布に代表される）が二次曲線に移行する時の切り口を見つけ、範囲をそこまでにして全体を解釈するしか、今のところは解明できないと教えた。山が二つある時の切り口をどこに設定するか、非線形から線形に切断するための方法をどのように考えるかという問題である。林は科学基礎論学会でこの研究を発表するべきだと考え、「心理学的測定における非線形問題」というテーマで発表するように丸山に指示した。その頃、相関比を最大にするという数量化Ⅱ類が盛んであったために、この問題はやがてそこに行き着くことになるが、今では大型計算機の発達によって、そのような姑息な手段を弄さなくても問題を解明することができる。心理学の分野で非線形問題が浮上するのは、実験心理学の初歩であり、ウェーバー－フェヒナーの閾値に関する法則(1)も、最終的に非線形問題に帰着する。

また毒物学でも、ある一定の基準を超えても一向に毒の効き目がない場合がある。この問題はプロビット分析における誤差として処理される。[2] 当時の学問的傾向としては非線形問題を研究テーマにする研究者はほとんど見られなかった。

3 行動計量学会の設立と水野欽司

一九七二年に科学基礎論学会の理事長になった林は、一年後の一九七三年には、若手の心理学研究者から乞われて日本行動計量学会の初代理事長に就任した。この学会は、多くの専門分野からなる人間行動に関する計量的研究を目指し、学際的研究を標榜する初めての学会であった。科学基礎論も学際的であるが、それよりもさらに広範囲で、人間の行動一般に関係のある研究を行なう。心理学、社会学、医学、マーケティングリサーチに関係のある人たちが多く集まり、最初は経済学や法律学、数学などの研究者を理事に担いだが、彼らはこの学会に親しまず、必然的に日本統計学会に流れていった。日本統計学会と日本行動計量学会はともに統計数理研究所に事務局を置いていたが、かつて統計数理研究所が「統計数理か数理統計か」で二派に分かれて闘争を繰り返したのと同じようなことが、この二つの学会にも暗黙の裡に存在していた。それ故、この頃の林は統計数理研究所に幾ばくか愛想が尽きており、日本行動計量学会が設立される以前から、人間に関する科学的研究を推進するための「人間行動科学研究所」(仮称)を設立するための素案を作成し、それに集中するために精力的に動いていた。人間行動科学研究所の創立は日本学術会議の課題であった。林はこの研究所の母体を行動計量学会に置き、若手研究者の養成を望んでいた。多くの分野からさまざまな意見が出されたが、それらを一挙に解決するためには、林のような行動即決の人材が必要であった。

この案件は一九六八年以来、断続的に検討され、趣意書の訂正のほか、さまざまな視点の変更などを行なっていたが、一九七四年に林が統計数理研究所の第七代所長に指名されたために、あっけなく頓挫してしまった。林は統計数理研究所が抱える案件を一手に引き受けて、走り回らなければならなくなったのである。これまではおおむね東京大学の教授が兼務するか、あるいはそれに類した大学教授が所長に指名されていたが、林は初の統計数理研究所の生え抜きの所長であった。この職務を放棄することは道義的にもできないと思った林は、人間行動科学研究所設立の案件は同僚の西平重喜にゆだね、さらに実務に水野欽司を指名した。(3)

水野は東京教育大学（現筑波大学）で、小保内虎夫から視知覚、感応学説（小保内説）を学び、同大学の助手になって、当時色彩研究所の理事をしていた小保内の関係で、色彩研での仕事を手伝っていた。その仲間に林がおり、彼は水野の緻密さ、厳密さ、データに対するセンス、現象を見る眼が非常に優れていることを見抜いてその才能を買い、助手の期限が切れるころに財団法人計量計画研究所の研究員に推挙し、さらに数年後、名古屋大学教育学部（当時は名古屋城のなかにあった）の助教授に推薦した。林が人事にこれほどの熱意を持ったのも、水野欽司の優れた才能を評価したためであった。

行動計量学会発足当時の事務局長は柳井晴夫で、当時東京大学医学部疫学教室の助手であったことから、柳井が所属する疫学教室に、しばらく事務局を置いた。しかし、理事長が統計数理研究所所属であり、事務局長は理事長を補佐する必要があるため、事務局長も研究所にいたほうが便利であった。そこで林は、事務局長にふさわしい人材として水野欽司を名古屋から呼び、一九七五年十月に彼を統計数理研究所に入所させる。一九七七年の四月から水野が日本行動計量学会の事務局長となった。その後、水野は、一九九一年からの三年間、第三代の行動計量学会理事長を一期務めた。第四代目理事長は柳井晴夫で、二期（六年間）務めた（ちなみに第二代目理事長は肥田野直《ひだのただし》〔東京大学〕で一期務めた）。初代理事長であった林は学会創設の一九七三年から五期一五年間の長きにわたり、行動計量学会を盤石なものにするべく奔走した。

水野は在外研究員としてアメリカに留学する直前の一九八二年までの五年間を、事務局長として献身的に尽力した。これまで若手研究者が担当してさまざまな取りこぼしの多かった事務局の整備をしつつ、学会の運営体制を盤石なものにした。欧文誌の刊行物補助金申請を通過させ、学会の基盤を整え、学会理事長との密な連携のもとに、若い研究者の育成に尽力した。そのあとを岩坪秀一が引き継ぐことになる。それを機会に学会事務センターに業務の一部を委託することになり、アメリカ留学直前まで、センターとの頻繁に行なわれる委託業務の打合わせに同行し、学会と学会事務センターの引き継ぎにともなう諸般の雑事を円滑に進めてくれた。

この種の問題は、極めて熟練した手腕を必要とする。岩坪はまだ若く、三〇代の正義感の強い研究者で世の中の仕組みを十分に理解していなかったので、「人生修行」の一部として多くの知恵を授けてくれた水野への恩義は強く、林のなかで水野欽司はいつまでも生きているのであった。水野はその後、統計数理研究所の所長である林の片腕として、献身的に全力を傾注して学会の発展のために尽力した。水野が林のために身を捧げた全力投球の姿勢には学ぶべきものがある。

水野は社会調査の達人でもあった。一九七八年から始まった第一回国民性意識国際比較調査の実施から集計・分析に至るまで、すなわち日本が世界に飛翔するきっかけを作った国民調査の隅から隅までを担当した。ただ、長年の懸案事項であった人間行動研究所の設立のためにも奔走したが、実現しなかった。水野の神経はそこで活動を停止し、一九九九年に彼の魂は天に召された。六七歳であった水野が若くして逝った後に、林は水野が生前口にしていたデータの科学、データサイエンスの構築に、これからの生涯を捧げることを彼の墓前で誓ったという。

一九八八年に水野が書き残した、行動計量学会への遺言書ともいうべき内容の文章を以下に記す。これは行動計量学会に属する研究者一同が、今一度、何を為すべきかを考えるためにも有用であろう。その内容は、二〇一四年に学会名誉会員の柳原良造が広報の巻頭言に書いた「「調査は死んだか?」」という文章と酷似している。水野がこの「遺言書」を書いた時からすでに二六年が経過している。彼の行動計量学に対する熱意は、そのまま現在の行動計量学会にも通ずるものなのである。

〔…〕現在の学会の活動は順風満帆といえるでしょうか。また将来に向けて新しい課題はないのか。過去の活動を振り返ってみる必要があると思います。

第一に、昨今の分析手法の研究は、数理的内容に重きを置き、現実の目的課題への有効性に対する関心が乏しいように、私は思うのですが、どうでしょうか。いかにソフィストケートされた手法でも旧来のデータ処理でえられた知見以上の新発見がないなら、意味がありません。だとすると、特定の問題とそのデータに即した解析方法を苦しくても開発する努力が必要でしょう。欲張った話ですが、少なくともその気概を持ってもらいたいと思います。第二には、右に関連して、実際の現象に強い関心を持ってほしいという事です。今日の社会は、稀にみる大きな変化に直面しており、解決すべき問題が山積しております。特に人文科学の分野では、多種多様のデータを駆使して有効な解析により難題を解明してゆかなければなりません。反面情報化時代と言いながら、調査ひとつ行うにも、プライバシー問題のように情報の秘匿・管理が進み、容易ではありません。その意味で、私は研究者相互が連携して積極的に難課題にチャレンジして貰いたいと思います。とかく「数理」に関心が向かうのは日本人に多い美意識のなせる習性であると思いますが、本学会が目指す「計量的方法論」とは、荒削りではあっても現実の難問題に対抗できる科学的で統合的なアプローチを指すものと、私は考えます。〔…〕（水野、一九八八）

水野が二十一世紀の社会にあって、今そこにある危機的な現実を見たとしたら、どんな感想を述べるだろう。柳原良造の「「調査は死んだ」か?」」という題目は、彼が水野と話し合った時の話題で、由来二〇年間彼の胸裏に刻み込まれていたものである。この題目が水野の調査への情熱と絶望を物語ると柳原は言う。本来調査とは、水野が言うように愚直な忍耐力を要求される。だから、今、調査が死なないためには水野流の愚直さを持ち続けなければならないと、柳原は思いを込めてこの文章を書き記したのである。

4 成長・進化する行動計量学会

話は前後するが、林が統計数理研究所の所長になる一年前(一九七三年)に、丸山は柳井とともに「多変量解析シンポジウム」を本郷の学士会館の分室を借りて開催した。柳井は丸山に「このシンポジウムを学会にしたい、会員は二千人規模が良い」とつぶやき、理事長を「林先生に頼みたいのだけどどうだろうか」と相談してきた。ともにまだ二〇代の若僧である。今日では年齢に関係なくどんどん伸びるものを応援するという気運があるが、当時は若造が学会を作るなど笑止千万の時代であった。それ故に、一度林に交渉したがはねられてしまった。執拗に二度目の交渉を行なうと、さすがの林も、若い人たちで作る学会に期待して承諾し、この学会を日本行動計量学会と名づけた。Behaviormetric Society of Japan の誕生である。欧文誌は『Psychometrika』を参考にして『Behaviormetrika』とした。当時の欧文誌編集委員長は印東太郎(慶応義塾大学、カリフォルニア大学)で、実務にあたったのは野崎昭弘(数学)、宮原英夫(医学)、佐伯胖《ゆたか》(教育学)、松原望(統計学)、上笹恒《かみささひさし》(心理学)、丸山(心理学)であった。後に松原が、印東の事務代行として事実上の委員長になった。第二代目の欧文誌編集委員長には宮原英夫がなった。このような形態で日本行動計量学会は今日まで成長発展したのである。この学会の趣旨は、人間の行動を数量化し、そこに哲学的思考を積み重ね、多くの人間行動のあり様を解明してゆくことであった。ただデータのみを採取して機械的に分析するのではなく、データのなかに潜んでいる何らかの構造を摘出しながら論理的に現象を見つめるというもので、学際的研究そのものであり、多くの分野から人が集まってきた。事務局を担当したメンバーは、行動計量学会に入会する人たちを集めるために奔走した。そのなかでも特に際立っていたのは、学会欧文誌『Behaviormetrika』の創刊号に、当時人気を集めていた孤高の闘士、小室直樹に招待論文を依頼し掲載したことである。彼は大学紛争の火付け役である全共闘の闘士たちから「希望の星」のごとく崇められ、東京大学の自主ゼミを担当し、豊富な知識をふんだんに学生たちの前で披歴し、人気を集めていた。[4] 小室に論文を書いてもらうための依頼人を引き受けた丸山は彼と頻繁に会合を重ね、ともかく、「パーソンズの構造機能分析」を欧文誌の創刊号に寄稿してもらった。それ以来、この天才的な孤高の研究者は日本行動計量学会会員の一人となったが、学会誌の論文には必ず審査が伴うため、彼の書いたものにクレームがつけられることもあり、それに腹を立てた彼は学会を退会してしまった(一九七三年)。しかし、林に惚れ込んだ彼は、それ以後も統計数理研究所との縁を切ることはなかった。

発足当時の学会は若手主導であった故か、極めて熱気にあふれていた。だが、コンピュータの急速な発展とともに、それに依存する傾向が強まった。理事長であった林は、若い人たちがコンピュータを鵜呑みにしてデータを杜撰に解析することに我慢がならず、行動計量の哲学は那辺にあるのかとさまざまな形で問い続けた。しかし、この問題意識は現今の若い研究者には通用せず、林の理論は次第に色褪せたものになっていった。今日の日本行動計量学会は現場中心の社会調査関係の人たちが多く集まり、さらに哲学・思想を論ずる余裕がなくなってしまった。ビッグデータを扱うための緻密な数理メカニズムの探索は、かつての行動計量学の域を超えたところにある。時代は変わり、研究者の意識もそれにつれて変わってしまった。

林知己夫の名前も知らない面々が、データサイエンティストを標榜する時代に、林の理論を熱く語った時代を想起することは単なる感傷に過ぎないと思う人もいるであろう。だが、今一度思い出してほしい。人間はいかなる場合もロボットにはなれないようにできている。人は生きるために必ず実存的思念と向き合うように作られている。現在横行しているさまざまなインターネットのサービスや一時的とも思える購買行動の便利さはやがては廃れ、人はみずからの足で多くの知見を得るために、困難を求めて未知の山を歩き、遠い地平線の遥か彼方へ目を凝らす。そこに永遠に尽きない人間の英知の賜物が隠されているのだ。林は『行動計量学会会報』第八四号の巻頭言（二〇〇〇）に次のように書いている。

論文を感動して読むことは楽しいものである。私の経験で申し訳ないが、かつて論文を読んで感激し、「数学」とはこんなに面白いものかと思ったものである。確率論を勉強していたとき、von Mises の確率論の最初の論文を読んだとき、大変な感動を味わった。こんなに面白い数学があるかと思った。von Neumann のゲゼルシャフトシュピールを読んだときも全く同様に感動した。彼のエルゴード定理の大証明を読んだときも同じだった。A. Wald のコレクティフの存在証明、von Mises の *Probability, Statistis and Truth* の初版を読んだときも血湧き肉躍る感じを抱いたものである。

確率、統計とこんな面白い数学をやらぬ手はないと思い、酔ったような日々を過ごしたことを覚えている。

統計学をやれと先生に言われて統計学の本や論文を読んだとき、実にいい加減でつまらぬものだと感じた。しかし統計学の面白さは「知行合一」にあるということを知ったとき、知るのではない体験をしたとき、これに心をゆさぶられた。以後私の研究に空理空論はない。常に知行合一、止観という形を取っており、これ以外はやらぬという立場でいる。

論文を書くということは、オーケストラの指揮者の演奏のようなもので、優れた成果をどのように演出して見せるかというのに似ている。人々に感激を与えないような演出（演奏）は詰らぬものである。詩人は詩を書いてみずからの詩にほだされて涙を流すと同様に、研究者はみずからの研究結果を論文にするとき感激し、涙をながし草稿に涙の「しみ」が残るというのはよいではないか。今日ならワープロのキーボードが涙にぬれて駄目になるなど楽しいことではないか。

5　行動計量学への思い

今日の世情は論文の数で勝負が決まる。中身がどんなものでも、付け焼刃で無意味であっても審査が通ればよい。審査する者がいい加減ならば、論文は書けば書くほど増産され、紙の山がうずたかく積まれる。上質の研究を阻害するのは、このようになってしまった日本の社会の仕組み、それに翻弄される大学や研究所のありようである。林は、すぐれた研究者を駄目にして、優れた研究ができなくなってしまった今日の日本の研究体制を嘆く。それを取り戻すのは個々人の心の問題しかないと彼は考える。人と人の関係が脆弱になっている今日でも、世界を凝視しながら、精神を高揚させることのできる現実はある。それはパーソナルコンピュータの世界ではない。電子書籍でもない。昔ながらの活字で埋まった書物との遭遇である。この現実を敏く看取することのできる研ぎ澄まされた感性が、若い研究者のなかに生じることを彼は切望しているのである。

今一度初心に帰る思いで、『行動計量学』創刊号（一九七四）に記載された文章から、林の行動計量学に対する期待と並々ならぬ思いを確かなものとしよう。少し長いが全文を記載する。

学問分類は何の為にあるか。これは、それぞれ固有の方法を持ち、また固有の対象を取扱い、これらの成果を教育に依って伝え、その領域の成果を拡大して行くのに適切なポテンシャルを与える処に意義がある。また、こうした分類に依って知識を整理し、さらに研究・教育体制を整えて行くことにも、その有用性がある。成果は、そうした界面を作ることに依り、その内部に形成されてくるものである。こうした界面を作ることなしには、発散して方法が固まらず、方法に基く成果も挙るものではない。このように方法遺産の上に学問は築かれて行くので、そこには固有の考え方のルールというものが出来上ってくる。このルールを無視しては、その学問というものを理解することはできない。他の領域のものが虚心に見るならば、全く「おかしなことだ」と思われることが通用しているのである。なぜ、もっと大事なことを考えないのか、こうした別の見方もあるのではないか、という疑問が門外漢には当然おこってくるのであるが、それを表明することがルール違反にもなりかねないのである。嘗て統計学では、精密標本論――ガウス分布に基く――、統計的検定論が、学問の主流であったことがある。統計学を始めて学んだころ、ガウス分布に基く精密標本論など、現象解析に対して全くナンセンスだ、統計的検定論は何をやっているのか解らぬ空虚な議論だと私は率直に言って感じたのである。これが統計学と言うものだろうかと思い、議論したものであるが、数理統計学の専門家はこれを無視した。初学者のたわ言と思ったことであろう。今から見れば素朴な疑問は正に正鵠を得たものと思えるのであるが、これを言ったり考えたりすることは、正統な数理統計学者のルール違反であったのである。

私はこうしたルールを無用というのではない。上述の意味では大事なのである。これなくしては、教育もなく方法も出来上ってこないからである。〔…〕しかし、こうした学問分類に基く方法やルールが、固まりすぎると学問は老化し、新しい現象解明に対する眼を失い手段がなく拱手してしまう。旧来のものに閉じこもり、得てして細かい問題を精密化することで自己満足に陥ることになる。これに慊《あきた》りなくなった人々は、学問間交流に乗り出し、境界領域の学問分野を作りあげようとし、学際的な交流を望むことになる。学際的交流と言っても討論においては学問のルールが理解できなければ、すれ違いに終わり、実りがない。気の強い人々にあっては、誤解を増す丈で、他分野の方法の嘲笑に終ることになる。反省心の強い人々は他分野が徒に良く見えて、その方法を無反省に自己の分野に適用するということになる。こうしたことは硬化した心に刺激を与える意味では認められようが、あまり望ましいことではない。ルールをよく理解し、その上に立って他領域の方法の得失を見極め、自己の領域にとり入れてくることが大事である。こうした相互理解が真の学際的交流の第一歩であろうと思う。この立場に立つとき、一分野の成果が他分野では珍重すべきものとされることもあるわけで、既存の分類の殻を破る上で意義があることと思う。電気関係の冊子でコーディングの問題として採り上げられているものが、統計学で言う最適層別の古典的な方法であったり、物理学の専門家が新しいものとして語るものが、統計学では人口に膾炙《かいしゃ》されている成分分析であったりして驚くことがあるが、私の知らないことでもこうしたことが多いと思う。このようなことは、相互理解によって容易に行われ、既存の分野に新しい血が入り込むことになり、一つの固定観念の打破になろう。各分野でのこうした若返りに、この学会や会誌がその役割を果すことはまず第一歩の仕事と思う。しかし、これだけでは十分ではない。このことは会報第一号にも、書いたとおりである。行動計量学それ自身固有の方法を持たなければならない。各既存領域の方法の交流、寄せ集めであっては本当の進展はない。こうした既存のものを遺産として、ポテンシャルとして、新しい方法が開発されてこなければならないのである。これは、既存各分野の人々の心身を打ち込んだ共同研究、一つの未解決な人間現象を解明するための共同研究を仕あげて行く、こうした数多くの研究を行なって行くことが基盤である。この問題解明にはどうすることが最も肝要であるか、どこが最重要点であるかを見抜いて、その解明のためには、どんな方法を作るのが、最も妥当かを根底より考えて行く。これらの研究を通して、固有の方法論が浮かび上ってくる――浮かび上る様に意図する――ことになるわけである。方法、方法と言って、功を焦ってなるものではなく、地道に積み上げることによって出来上ってくるものである。発足の華やかさと異った地味な研究の蓄積が必要なのである。それを怠ってしまえば、何の痕跡も残さぬ流行に――未来学のように――終って了うのである。

ここでは、主として既存の殻を破ることを述べてきたが、前にも書いた様に、界面をつくることは必要なのである。我々の行動計量学も、既存のものとは異った新しいものではあるが、やはり一つのイドラである。この新しい方法が出来上り、従来の方法では科学的に取扱えなかったものが解明できる様になり、現象解析がどしどし進んで行くが、一つの方法である以上、ルールができ、積み重ねができて固まってくる。いつかはこれを叩き壊して進まねばならぬ時期がくることであろう。こうした過程は厭うべきではなく、生物の生長老化と言ったことわりだと思う。ただ、このとき、みずからのイドラを打ち破って進む勇気がなくてはならないと言うことである。今までの方法を超えて進む——正に百尺竿頭歩を進める——には、不安があり、勇気が要る。既存の中に安住すれば、こうしたことに突き進む気力を欠いてくる。こうなってはならないのである。固定観念というかイドラというか、こうしたものは、ものを築いて行くのに不可欠のものである。しかし、これに常に執着すべきでなく、超えて行くべきものであることを銘記しておかなくてはならない。

さて、日本において戦前ふるく学際的な独創的な業績があった。少くとも私の知っている限り、寺田寅彦先生の言語の偶然の一致の問題、ランダム周期（電車の混雑の問題など）、待行列の問題、亀田豊治朗先生の有限母集団からの抽出理論、掛谷宗一先生の選抜（選挙）の数理、輸送問題の線形計画法、戦時中の軍の仕事の一部でやっていたORなど優れたものがあったと思う。しかし、これはそれぞれの分野では、「面白い物好きのやっていることだ」と見做されたし、それぞれ固有の領域の主流のものでないため価値なきものとして無視されたのである。しかし、何年かずうっとあとに、それらはORの問題として、標本調査理論として中心に据えられ、盛んに取扱われ、逆輸入の形で日本人が賞用している次第である。これはどうしたことか。私は、研究が学際的なものであったため評価できなかったこと、生々しい現象の新鮮なフォーミュレーションにつながる独創性について行けなかったこと、真にものを見る眼を欠いて居り、外国で取扱われていないものを取扱っているので、それを評価する自信のなかったこと、外国でフォーミュレーションし尽された滓は学んで身につけるが、新しい処を解決することのできないこと——他人の眼鏡でしかものを見られないこと——などのためではないかと思っている。すぐれたものを見抜けなかった先輩の人たちの誤りをわれわれは繰り返してはならない。すぐれた芽を見出し、これを発展させて行かなければならない。これには、現象を見る透徹した眼——裸の王様を見破る心——、何が肝要であるかを見極める判断力、視野の広さ、現象解析に対する自信、すでに出来上がった偶像を打ち壊してみる勇気等が必要であるが、我々は、学会活動や会誌を通して、こうした力をつけて行きたいと思う。気をゆるめれば、惰性に流れ、再び先輩の誤りを繰返すことになろう。新鮮な気持ちを常に持ち続けて行かなければなるまい。

さて、行動計量学はこれからのものであって、いまだ固有の方法があるとは言えない。我々が作るものであり、これが作られるために、学会が存在するわけである。従って、こうしたことを意図するものであっても、初期の会誌は、成果の交流や新しい方法の導入と言ったことが多く、寄せ集めの感をまぬがれないと思う。しかし、これは止むを得ないことである。こうした経過を通して、本来の目的が徐々に達せられるものと思う。しかし、繰返し言っている様に、漫然としていてはいけないのであって、新しい渾然とした方法論確立を目指して研究を進めて行かなければならない。

第八章　国際比較調査研究の筋道

1　国民性調査から国際比較調査へ

統計数理研究所で第一回目の「日本人の国民性調査」が実施されたのは一九五三年のことで、それ以来五年おきに日本人の国民性調査が行なわれるようになったことはすでに述べた（第三章）。自前で調査をしていた頃は試行錯誤の繰り返しで、調査員には厳密な訓練を要求した。その後は入札方式がとられてさまざまの調査会社が担当することになった(1)。

林知己夫が国際比較調査の重要性を自覚し始めたのは、四回目の「日本人の国民性調査」が終わり、おおよその日本人の国民性、根強く残っている日本人の気質・価値観などが理解できるようになった頃である。そこで、日本人を外から眺める必要性が生じた。つまり、世界のなかの小さな国だが、経済的には世界第二の大国となった日本が、他の国とどのように異なるかを比較しながら、日本人像を浮き彫りにしようという意向が生じた。そのためには、ドイツ人やフランス人を同じ尺度で一挙に調査して、比較考察をするのでは面白味がない。細部にわたって調査するのでなければ、大雑把になりすぎる。まず、日系人から始めようということで、取り上げたのがハワイの日系人の意識調査であった。

一九七一年、特にホノルルの日系人を対象に調査を行なったが、それは選挙人名簿が完備されているためであった。共同研究者としてハワイ大学の黒田安昌にお願いし[2]、日本語の英訳をその道の専門家に依頼した。調査をしてみると県民性の調査と同様の調査結果しか出てこず、ハワイは日本国の一県、つまりハワイ県に過ぎないのかとさえ思える結果であった。ただし、「伝統と文化」という概念は日本人にはついて回るものの、日系ハワイ人にはそのような傾向はみられなかった。ここに両者の比較考察の糸口が見え始めたのである。そこで、日系人には伝統と文化を対比させて考える筋道はなく、逆に日本人は絶えず伝統と文化という概念を念頭に置きながら物事を考えるという結論になった。

一九七八年には、日系人のみではなくホノルルに住んでいる全住民の調査を行なった。すると、ハワイ生まれの日系人と、日本生まれの日系人とでは意見が異なっていた。つまり、同じ日系人でも、日本で生まれたか、ハワイで生まれたかで意見が異なってくるという面白い結果である。そのように考えてゆくと、今度はアメリカ生まれの日系人、日本に生まれてその後アメリカに移住した日系人と連鎖的に意見分布が集約され、その違いが明白になってきた。アメリカ本土のアメリカ人と日本人を比較すると、高度産業社会に共通する多くの質問、例えば、人間の信頼感、就職の条件、仕事観、科学文明観については、数量化Ⅲ類によって、人間関係に関する質問を除き、「考えの筋道」(the way of thinking) が似ていることが分かった。このようにして、日本人とアメリカ人の意

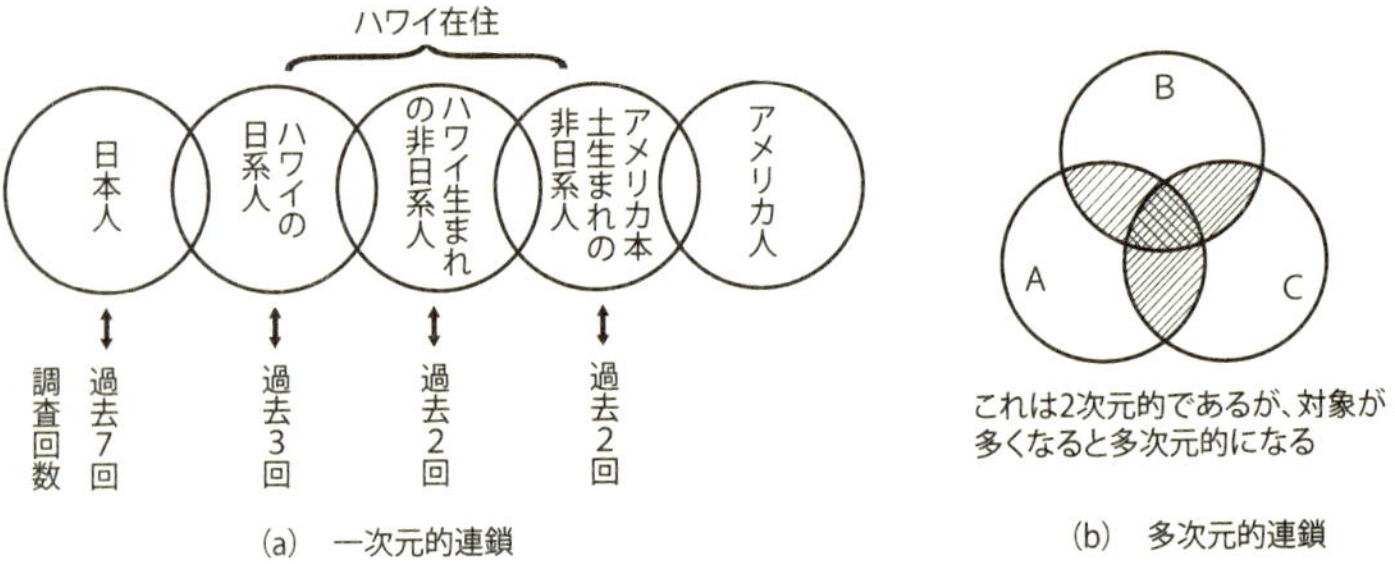

図8-1　日米比較調査の連鎖（林 1993a、p172）

識の差を日系人を介して知ることが重要な意味を持つにいたった。今では、外国人を対象に調査が行なわれているが、それが始まったのは、日系ハワイ人との比較調査を行ない、考えの筋道がほぼつかめたという手ごたえがあったからである。これは図8-1に示すように、アメリカ人の気質を知る上でも重要な調査となった。まずハワイの日系人、ハワイ生まれの非日系米人、アメリカ本土生まれの非日系米人、アメリカ本土生まれの白人という連鎖から、日本人の気質とアメリカ人の気質を探っていった。

これ以後、アメリカ人のみならず、イギリス、ドイツ、フランス、オランダなどの西欧諸国に限らず、タイやシンガポール、インドネシア、マレーシアなどの東南アジア圏、さらには中国や韓国などへと調査の範囲が広がっていった。西欧と東南アジア系の人々の国民性には明確な違いがあり、日本人の本質は東南アジア系と極めて似通っている。当時のアメリカは西欧諸国の混合民族であり、ほとんど西欧諸国と似た「考えの筋道」の構造を示していた。敗戦後、アメリカの占領下に置かれた日本人はその当時、日本の歴史や東南アジア系の文化をほとんど学ばず、西欧文化、世界史、欧米文学などに徹しており、日本人のルーツが那辺にあるのかを知りえなかった。

筆者が日本人の祖先や日本文化、日本映画、日本神話を学んだのはアメリカの大学へ留学してからである(一九八〇年当時)。当時日本は経済成長期にあり、アメリカ経済をしのぐ勢いであったから、外国における日本人の評価は極めて高かった。今考えるとおかしなものだが、そのころ、今日の日本企業について学びたいと志望する、大学の経営学部で学ぶアメリカ人学生は多数存在した。年功序列方式、一つの会社に捧げる愛社精神が経済発展を促す要因であるとは、当時のアメリカ人には到底考えられないことであった。実力主義の最たるアメリカでは、マックス・ウェーバーの『プロテスタンティズムの倫理と資本主義の精神』を旗印に、額に汗して働き、実力のあるものが相応の利益を得ることが当然であった。そしてそれに漏れた弱者には、キリスト教的慈善団体が救済に力を注いでいた。基本的に、アメリカは弱者を好まない強い国であらなければならなかった。開拓者精神がそれを助長していたからである。

しかし、その後、アメリカは経済的にも停滞し、退廃的ムードに陥る。それはいずれ日本にも波及するであろう。なぜなら、今日の日本社会は往年のアメリカ的価値観や能力主義で社会が営まれ、弱者は容赦なく切り捨てられている。派遣社員などのシステムが出来上がり、学生の就職難も増加しているからだ。これは、日本経済が上昇期にあった時には考えられない社会現象である。アメリカ人が弱者切り捨て方式に痛みを感じて、日本式愛社精神や年功序列方式に切り替えたくなった事情はそんなところにある。しかし、経済的発展が停滞するにつれて、日本はアメリカ方式に促され実力万能主義に切り替わり、アメリカと同じような猟奇的な犯罪を生み出し、世界二位の経済大国の座は中国に追い抜かれて、もはや回復は望めないような状況になった。

それはともかく、当時、林はこの調査結果について、次のように述べていた。

〔…〕日本人は現代社会に共通する質問群に対しては、アメリカ人と同じ考えの筋道を持っているが、ヨーロッパはアメリカと必ずしも同じ考えの筋道を示してはいない。この面での日本のアメリカ化は驚くべきところがある。しかし、人間関係になると日本とアメリカは両極にきて、日本の温かい信条、アメリカの乾いた信条がはっきりし、ヨーロッパは、日本とアメリカの中間というところになる。日本、アメリカ、ヨーロッパの三極構造がみられる。どの部面でどのように同異の姿が出てくるかを一応はっきりさせるように分析を進めている。(林一九九六)

2　フランスの重鎮、分類学の大家、ベンゼクリと会う

林知己夫が外国を見聞して歩くさまは精力的である。ここでは、特にフランスのパリ第六大学のベンゼクリとの出会いを述べる(3)。

一九七五年当時、林はあるフランス人の書いた論文を見て驚いた(4)。そこには、まさにパターン分類、すなわち数量化Ⅲ類と類似の手法が掲載されていたのだ。それはベンゼクリという統計学者が

創始した「対応分析法」(Analyse factorielle des correspondances: AFC)というデータ解析法であった。当時のデータ解析といえば、イギリス、アメリカのものが多く、敗戦国ドイツはいうまでもないが、フランスにデータ解析が盛んであるとは知らなかった。情報通の人にも何人かあたってみたが、誰もベンゼクリなる人物の消息を知らなかった。

一九七〇年ごろは、フランスの『ブルバキ数学原論』の何冊にもなるシリーズが盛んに日本語にも翻訳され、多くの人たちの関心を呼んでいた。[5] 林も、ニコラ・ブルバキの著書ということで、ブルバキという名前の一人の著者が書いたものと思って大変驚嘆したが、これは若手の数学者が一団となって、ペンネームをニコラ・ブルバキとし、多くの数学論文を書いているのだという。このように、ある一人の教祖的人物が自分の名前を前面に押し出して多分野、例えば数学なら位相幾何学、抽象代数学などのすべてにわたって、チームを作って教祖の名を冠した膨大な作品を書き上げ、本人はほとんど人の目に触れないようにしているという風習がフランスにはあるらしい。驚くべきジョークが許される国である。だから、ベンゼクリも同様に本人はめったに姿を見せないが、その弟子筋がベンゼクリの名のもとに活躍しているのではないか、と林は思った。教祖といえば胡散臭く聞こえるが、林は頓着なくベンゼクリを教祖と呼んでいた。

一九七八年、「日仏科学協力セミナー」が、日本学術振興会の国際交流事業の一環として「二国間交流事業に基づく共同・研究セミナー」の支援を受けて、パリ第六大学で開催された。日本側からは統計数理研究所の松下嘉米男、西平重喜、早川毅、逆瀬川《さかせがわ》浩孝、稲垣宣生、大隅昇、東京大学の鈴木雪夫、NHK放送世論調査研究所の杉山明子（後に東京女子大学）、などが参加した。フランス側はD・デュゲ教授が代表者であった。彼はパリ第六大学の統計研究所を組織したメンバーの一人として知られており、林が一九七九年に訪問した時はここの所長を兼務していた。一九八七年は第一回日仏科学協会セミナーが、国際統計研究所と合同で開催された年である。デュゲは数理統計学を専攻しており、林はフランスの確率論には興味があったが、数理統計学には興味がなかったので、一九七八年の日仏科学協力セミナーには参加していない。ただし、ベンゼクリには関心があったので、どのような参加者がいるのかを観察するには丁度よかったから、参加者の杉山に調べてもらった。すると、彼女の話からベンゼクリは林の思ったとおり教祖的な人物で、幕屋の奥深く隠れていて滅多に姿を現わさないことが分かった。

筆者の友人でフランス政府給費留学生に選抜された井戸川（谷山）郷子（当時、足利工業大学。二〇〇一年没）は、パリ第六大学のベンゼクリのもとでデータ解析を学ぶために、渡仏した。彼女に言わせれば、ベンゼクリは極めて風変わりで、留学中に二度しか会えなかったらしい。初対面の時に挨拶したのと、帰国する時の別れの挨拶だけである。彼女はベンゼクリの授業に出席はしたが、ただ遠くから眺めるだけで、残る時間は部屋に閉じこもって本を読んでいたという。大学へ行ってもベンゼクリとは会えず、あまりなじめないフランス人大学生とは交流がなかった。ベンゼクリの授業は独特で、講義もただ滔々と自説を披露するだけであるから、留学生には半分も理解できなかった。せめて板書でもしてくれれば、何とかなったかもしれないが、この種のフランス流の雰囲気に慣れていない留学生にとっては、苦痛以外の何ものでもなかったようである。すべてマイペース。それならばと、彼女もマイペースで誰にも会わず、部屋に閉じこもって勉強していたというわけである。

一九七九年、第二回「データ解析と情報学」国際研究会議がフランス国立情報学自動制御研究所（Institute National de Recherche en Informatique et en Automatique: ＩＮＲＩＡ）の主催で、ベルサイユで開催された。招待講演者は林とアメリカの統計学者Ｊ・Ｗ・テューキーであった。

図 8-2　教祖（ベンゼクリ）との出会い（1979 年）
パリ第六大学にて

この会議に出席した林は、フランスの「データ解析」がどんなものであるかを知りえたと思った。弟子を従えて彼の前に現われたベンゼクリは見るからに異様な風貌で、教祖然としており、長い真っ白な髭を垂らし、禿げた頭で、林に笑いかける。その風情を目の当たりにした林の目には、ベンゼクリという破格の統計学者は、山深きところに超然として孤高を保つ仙人か、目に見えぬ風景を言葉に託す詩人のように見えたという。蒼白い蝋細工のような肌をして、握手をした時に感じたのは、タコのように柔らかい手の感触であった。林は日本にいるときにすでにベンゼクリと会う約束を取り付けていた。その返書はまるで恋文のような舌足らずの英語で、彼はそれを読みながら高笑いした。彼がベンゼクリを詩人のようであると感じたのは、そのような事情があったからに違いない。ベンゼクリのような人間は、これまで彼の周辺に存在したことがなかった。ベンゼクリの弟子たちは大学やその周辺に、あるいは世界中に散らばっており、その数は二〇〇人を下らず、その勢力範囲はフランスだけでなく、イタリア、旧ソ連、東欧、アフリカ、中南米に及ぶという。ベンゼクリはその頂点に立ち、帳《とばり》で囲まれた室内にこもって、弟子たちは方々で活躍する。日本ではとても考えられない事態にあることを林は知ることになる。

3　ベンゼクリの統計思想

ベンゼクリの「データ解析」を欧米に知らしめたのは、彼の弟子のM・ヒル（パリ第六大学教授）である。林もヒルの論文を読んで、ベンゼクリの存在を知った。その後、彼の弟子たちもしばしば林の論文を請求してきた。一九七三年ごろから弟子たちは林のパターン分類（数量化Ⅲ類）の方法をベンゼクリに報告していたから、ベンゼクリは林に会っても、少しも違和感がなかっただろう。驚くべきは、ベンゼクリの考え方は林の統計数理の思想に基づいていたことである。林は感激して、なぜもっと早くフランスの統計数理に目を向けなかったのかを悔やんだ。これは、戦後、日本では英米だけが世界の中心であるかのごとき錯覚をもってしまったからともいえよう。

ベンゼクリの統計に関する根本思想は、それまでの英米式数理統計学への反旗であった。「統計は確率ではない」という彼の根本思想は、確率論を勉強した林にとってはぎくりと胸にこたえるものがあった。ベンゼクリによると、一九三〇年以来、高度に精緻な統計数理学の理論はすべて確率論に根ざしたものであり、そんな精緻な枠組みにとらわれている限り、到底、現象解析のなかには入り込めない。データというものはもっと雑駁なものであり、その雑駁なもののなかから真実を見つけ出してゆくことこそ、本来の統計数理学、ないしはデータに根ざした統計解析である。そんな精緻な枠組みは忘れたほうが良い。統計モデルは想像からくるものではなく、データからくるものであり、あえて精緻なモデルを作り、無理にもデータをそれに当てはめようとする今日の統計解析は間違っている。統計的モデルはデータから導き出されるべきものである、とベンゼクリは主張した。さらにベンゼクリは、煩わしい統計的検定理論に惑わされ、目がくらんでいる悲しむべき状況を嘆き、統計的検定の不毛性を説く。「大事なことは検定ではなく、合理的仮説を作るために役立つようなものが必要なのだ」とデータの大切さを力説している。このような考えを持つ人がフランス流データ解析の教祖だったのである。林は驚愕し、この異様な風貌を持つ人物に一気に惚れ込んでしまった。

アメリカにもこのような考え方をする統計学者が存在した。探索的データの解析を志向するテューキーである。ただ、彼の主張は伝統的な科学の法則に縛られていたため、相当無理をしている。数量という考えが当初からなく、採取したデータだけが真実だと思っている。それは仮の姿であることを認識せず、データそのものを過信している。そのため、数量化理論の根本概念である、一度得られたデータを数量化するという思想に到達していない。ベンゼクリのようにきっぱりと既成の原則を放棄する覚悟が、テューキーにはない。アメリカ流のデータ解析がテューキーの考えで代表されるならば、データの本質を把握する彼らのセンスは、自分の考えるデータの科学とはちょっと異なるのではないかと林は思った。

4　統計の日仏交流

日仏交流の場ができあがると、早速、林はベンゼクリを是非とも日本に招待したいと思った。しかし、ベンゼクリは飛行機には絶対乗らないという。「シベリア鉄道があるではないか」と再度誘いをかけたが、彼は断わり続け、ただ、幕屋のなかから感傷的な手紙を弟子を介して林のもとに届けるだけであった。ここまで自分の姿勢を貫けば、「幕屋の主」としては完璧である。自分とは決定的に異なるフランス風教祖の在り方に、林は驚くというよりも、感心してしばし考え込んでしまった。

フランス流のデータ解析はやがて英米に翻訳され、一気に高まった感があるが、日本の数量化理論を正確に英訳して、広く世界に広めるという気運は盛り上がらなかった。弟子の数が少なすぎたこと、また林がベンゼクリのように帳のなかに隠れて弟子に数量化理論を広めるよう世界に飛び出させてゆく気運を作らなかったためである。日本人にはこのようなフランス的な習慣は到底考えられず、むしろ、この種の習慣が日本にあったとしたら、林がみずから独創的な考えを世に披瀝して動くことは到底不可能であっただろう。林は日本に生まれたからこそ日本人独特の思考形成が可能であった。一人の教祖が幕屋に閉じ込もって弟子に自分の思想を広めさせたり、一つのペンネームで大勢の数学者仲間が大部の本を書くという発想には驚愕するばかりであった。このような事態に類似する多種多様な現実を知っておかなければ、国際比較研究など到底不可能であると、今さらのごとく林は思ったのである。

その後、フランスからはベンゼクリの弟子筋であるモーリス・ルウやルドヴィス・ルバールが、林に代わって大隅昇のオーガナイズによって来日し、JSPS（Japan Society for Promotions Sciences）の招聘研究者として日本各地を回り、ベンゼクリや林のデータ解析を講演した。

データ解析を通じて肝胆相照らす仲となった日仏の統計数理学者は、日本学術振興会、民間企業や財団の協力を得て、一九八七年に統計数理研究所で、「クラスタリングとデータ解析の最近の発展」と題した日仏科学協力セミナーを開催した。日本側の組織委員は林と大隅が担当し、フランス側はジャンブ（Diday M. Jambu）を頭に、データ解析やクラスタリングの第一人者が九名参加した。一般参加者数は一八〇名にのぼり、予想外の数で会場は溢れかえり、データ解析に関する関心の高さを物語っていた。

「本当に役に立つデータ解析」のためには、その解析法を知悉したうえで、さらに優れた統計ソフトを開発する手腕も要求される。ソフトを使いこなし、かつ作成する側も十分にデータ解析の根本思想を知悉していなければならない。こうした考えは林が活躍した二十世紀の古い産物であろうか。二十一世紀は汎用コンピュータの処理能力は高まっても、データ採取にさまざまな規制がかかり、分析に使えるようなまともなデータを見極める能力を失っている。かつて華々しく海外研究者との交流が盛んな時代もあったが、現在は内向きの色褪せたデータ解析が中心である。林の数量化理論は広く普及し利用されてきたにもかかわらず、依然としてその精神の基本が理解されていない。現在はデータ解析のみならず、あらゆる面で閉塞状態であり、先の見えない混沌とした不確実性の時代である。

　ビッグデータの情報要約をするための技術進歩、技術革命がスーパーコンピュータやインターネットの発展を促し、直接対話より、インターネットのなかでの間接的な人とのつながりに重きを置く傾向が顕著になった。データもウェブ上を行き交うデータのように、これまでのように人間が直接関与して採取するという地道なものではなくなった。「分析対象とするデータの抽出方法」がまるで違ってきたのだ。これまでのように母集団から標本へと厳密にサンプリング技法を駆使してデータを採取することになれば、膨大な時間とコストが必要であろう。これまでの社会調査などでは、サンプリング、デザイン（調査設計）、回答誤差、調査誤差などを考えて、社会調査、その他の調査を行なってきたが、現代ではこの種の厳密な社会調査は不可能に近い。あえて手間のかかる調査をしようという風潮もない。

5　データマイニングという手法の必要性

データサイエンスが盛んになる少なくとも四半世紀前、人々の興味を誘った話題に「データマイニング」(data mining) というデータに対するある種の考え方があった。

データマイニングとは、文字どおりに訳せば「データ採掘」とでもいうべき考え方である。マイニングの原義は鉱山用語で「採掘」の意で、データという宝の山のなかから、そのデータの特徴的傾向を探査・採掘するための方法であるとされる。初期のデータマイニングは、パターン認識や人工知能、知識発見などの研究分野の支流として登場した、さまざまな技術要素の集合体である。統計学では、多種多様な分析手法が研究され、それを利用可能にする統計ソフトウェアの高度な進展をみた。たとえば、多変量解析や多次元データ解析のさまざまな手法がある。さらに重要なことは、「分類操作」に関わる、クラスター化あるいは分類手法も無数にある。しかし、これらのいずれもが統計学の長い歴史のなかで熟成されてきた方法論であり、画期的な新しい方法とはいえないであろう。

データマイニングとは、膨大な収集データのデータベースやデータウェアハウス、オンラインで集めたビッグデータから有効な情報を発見的・探索的に引き出すための技法やアルゴリズムなのである。要するに、雑多な夾雑物のなかに入り込んだものをデータ化するために考え出された手法で、埋蔵データを発掘するためにどのような手法をとるかを考える、データの科学の一つと考えることができる。名前は新しいが、内容は数量化以前のような解析方法である、と林は考えている。

例を挙げると、航空法調査研究会代表幹事の宮城雅子の行なったＩＲＡＳ（incident report analyzing system）の「大事故の予兆を探る」（『複雑大規模システムにおける事故防止（Ⅱ）』有斐閣、一九九五年）というテーマは、極めて有用なデータマイニングの典型である。大事故の生ずる前には、同じような状況でも事故にならなかったインシデント（未然事故）があるという発想で、闇の中に葬られているインシデントを発掘し、その構造を分析し、大事故につながらないような情報を取り出そうというのだ。事故は思わぬ不具合の非合理的な連鎖によって生ずるものであって、事故が生じた後に形成され、事故を合理的立場から解明しようとする事故調査委員会のありふれた推論とは異なることが指摘された。この事故の発掘と分析はまさにデータマイニングそのものであり、データサイエンスの神髄に触れたものである。

しかし、データマイニングは、一方でコンピュータの性能を生かした新たな「アルゴリズム」であり、コンピュータの介在によって技術論的には従来のようなデータ解析とは若干異なるところがあるには違いない。今日驚異的に発展し、今後どのような形態をとりえるのか、その姿が不透明なウェブ上のさまざまなデータを分類することについても、例えばマーケティングリサーチなどの分野で一般的な調査方式となったウェブ調査で取得したデータの扱い方や、ソーシャルネットワーク上に流通するブログ、ツイッター、フェイスブックの大量の書きこみデータなどの分析手段が、データ解析の進む方向への一つのカギを握っているのではないか、と大隅は述べている。(6)

常に新たなことを志向しなければならない人間の宿命のような好奇心が古い言葉を新しい言葉に

生き返らせ、以前からあるデータマイニングという方法が、いかにも今はじめて世に出たかのような印象を与える。さらに、日本人は外国語に弱いから、データ解析と言わずにデータマイニングといったほうが何やら新しい方法が生まれて便利になったかのような錯覚を起こすのであろう。データマイニングとデータ解析のどこが異なるのかをじっくり見分ける眼力が必要である。

今、なぜ林の「データの科学」なのか。データのあふれるこの時代に、「質の良い」データ、「真」のデータ、「無用な夾雑物を取り除いた」データをいかに取得できるか、もっといえば、そのような環境条件が保証されるか、データ収集方式（data collection mode）の問題を熟考することである。林のデータサイエンスの思想はこのように言いかえることもできよう。

コンピュータが進歩すればするほど、情報が世界中を駆け巡り、大量のデータが巷にあふれだす。統計数理やデータ解析が人間の頭脳や手足で操作されていた時代と同じような熱気が、膨大なデータをいかに処理するかという課題をともなってコンピュータのなかで沸騰している。統計数理研究者よりもむしろマーケティング関連の分野で活躍する科学ジャーナリストやビジネスマンの関心は、ウェブ調査やデータベースに釘づけになっているが、データが与えてくれる宝の山を誰が見つけるのか、熾烈な競争をしている現実には途方にくれる。

二十一世紀はデータの時代である。データとは言っても、二十世紀のデータとは異なる性質をもったデータである。現代流のビッグデータは、統計学を学ばなくても、コンピュータのなかで一挙に処理される。苦心惨憺してデータと取り組んだかつての日々は過ぎ去り、現代のユーザーたちは、データの本質を見抜こうともしないで、華やかにデータに踊らされているかにみえる。ある統計学者は、麻薬を呑まされて、方向を見失っているのではないかと苦笑している。ICT(Information Communication Technology)世代の若手研究者の才能と知恵がどこまで伸びるのか、彼らの人間的交流を通して情報活動がいかに円滑になされるのかを、林はじっと目を凝らして眺めているに違いない。彼は次のように述べている(『データの科学』二〇〇一b)

社会調査は社会を把握するための一つの方法であるが、その守備範囲は実に広く深い。調査の根底には「データの論理」がある。実際の調査はこの論理を突きつめ、活用してゆくことになるが、それを行うのはあくまでも人間にほかならない。そして調査を行い活用する人間に要求される根源は、データに対する情熱である。ではどうすれば、データに対して情熱を持つことが出来るであろうか。人は自分で信じないものには、自分の情熱を傾けることが出来ない。だから、データへの情熱を持つには、その前提としてデータが本当に役立つものであることを体験し確信しなければならない。

第九章　データサイエンスという思想

1　データサイエンスとは

形而上学、文学、芸術などを除いたあらゆる研究分野で「科学的」という形容詞は特別の意味を持っている。では、ある事象を科学的に研究するための方法を考えるときに必要な条件とは何であろうか。今、ここに林知己夫の科学に対する考え方を、その研究対象分野である人間の行動や調査技法に関わる問題から考えてみよう。

林のこれまでの研究のアウトラインを大雑把に記述すれば、一九四七年のモレノのソシオメトリック技法から発展した e_{ij} 型数量化法、一九五〇年の標本抽出法（サンプリング技法）、サンプリング調査法（サンプリング誤差、回答誤差モデル）、一九七三年の行動計量学的方法論（国際比較方法論、連鎖的比較調査分析法：CLA）、一九八〇年代からのデータ解析法の開発（MDS：多次元尺度解析）、数量化理論の高次の体系化、一九八四年の調査の科学（探索的データ解析法）、一九九二年のデータの科学（データサイエンスの構想）となる。これらの発展過程を吟味してみれば、彼のデータ分析の始まりは心理学や社会学で発展してきたソシオメトリーから始まっていることとがわかる。

この方法を考えたモレノは、対人関係のモデルの一つとしてソシオメトリックスという非対称のマトリックスを作ることから始めた。たとえば、小学校で席順を決めるときに、誰と坐りたいかをあらかじめ児童に尋ねて非対称のマトリックスを作成する。ここから、彼は人間行動の計量化を探索することになる。この方法は人間行動の根幹にかかわる重要な要素を含んではいるが、このままでは深い分析はできない。林の基本的なデータ分析方法論は、何らかの操作をして質的データを量的データに変換するというところから出発する。こうした考え方は独特なもので、アメリカ風のデータ解析を志向する人には想像がつかない。この思想に基づいて、「統計数理」という立場からサンプリング調査、実験を行ない、そこから抽出されたデータの分析として数量化理論の諸技法や、CLA、MDS、MDAなどの多くのデータ解析法を生み出してきた。

ここまでくれば、データにまとわりつく夾雑物を取り除き、単純化してスマートなデータ解析の結果を表示できると考えられるから、それで満足する場合もあるだろう。社会は結果だけを要求する場合が多いからである。しかし、林はこれでは満足しなかった。データからそれ以上のものを求めるには、そこに偏在するデータの本質に迫るための哲学的思考が必要になる。

林は数学者であり、統計学者である。前述のように、彼が大学で専攻したのは確率論である。それでは、確率論とはどのような数学なのであろうか。確率論の始まりはフランスの貴族ド・メレがサイコロによる賭けの問題で疑問を抱いたことから始まった。ド・メレが疑問に思ったのは、四回サイコロを振った時に、六の目が少なくとも一回現われる方に賭けるか、一回も現われない方に賭けるか、いずれの方が得かという問題である。ド・メレは経験的に、少なくとも一回現われる方が少しは得であると考えた。さらに、二個のサイコロを同時に振って六の目が二個のサイコロに現われる方に賭けるか否かについては、現われない方が得だということも経験的に知っていた。そこで、パスカルにこれらの結果の妥当性を相談した[1]。この場合、前者は$1-(5/6)^4$、後者は$1-(35/36)^{24}$で、前者は六の目の出る確率は〇・五一八、後者は〇・四九一となる。つまり、一個のサイコロに六の目の出る確率の方が、二個のサイコロで同時に六の出る確率よりも高いという計算で、理論的にも経験的にも一致した。ド・メレの計算によれば、前者の六の目が出る確率は六分の一、後者の確率は三六分の一である。フランスにおいて確率論がサイコロの目の出る数から始まったことは、いかにもギャンブル好みの国民性である。

かくして確率が統計に取り込まれ、確率論は正式な数学の分野に分類され学問として取り扱われることになった。いわば、確率論は集団の平均値を計算するのと同じで、フォン・ミーゼスの確率の頻度説、いわゆる、コレクテイフ確率論によってデータの分析ができるようになった。

確率論には有限・無限の問題が付随する。しかし、データを扱う限り、無限は存在しない。たとえ無限事象（形而上的）を扱うとしても、そこに人間の主観が入り、すべて有限なもの、すなわち主観確率となる。その主観が何に由来するかは、経験則とか直観的解釈とか「勘」であると、曖昧に口を濁すしかない。直観力に優れた偉大な感性の持ち主が現われて、無限の世界から有限の世界へ何らかの方法で連れ戻してくれる。これを、科学者の多くは「科学的叡智」と言っている。したがって、必ず、科学のなかには本音と建前が混在し、その綾を理解しない限り科学は理解できない。これは科学の世界だけではなく、人間社会のすべてに共通の現象なので、それを拒否することはできない。科学には「暗黙知」のようなものもある。それ故、時代の趨勢によって、これまでの方法論が間違っていた、ないしは適合しない、真の値に到達しないというところまで議論が発展してくる。まさに、科学的方法を標榜する科学者には、これまで信じてきた理論を撤回して、新しい理論を作り出すための科学的叡智が必要とされるのである。

当然、この種のことは林知己夫という科学者にとっては常識であり、彼の直観力、勘、経験則、科学的叡智によって多くの方法論、分析技法が開発されてきた。いわば、何度も原点に立ち戻って新たな方法を構築することができた。作っては壊し、再考しては壊す。彼の素材であるデータは常に流動的で、かつ気まぐれである。当然学問研究と不即不離の関係にある「哲学」は、統計学にも存在する。林は統計的思想の流れを図9－1のようなものとして考えていた。

2　データサイエンスの思想の流れ

林の帰り着くところは、常に現実のデータであり、何度もデータに立ち返って、彼の経験則や勘によって、データに潜む真値を発見する。データを探索的に分析しながら、そこに統計数理的思考を忍ばせる。彼にとって科学的という概念は「データにより探索的に掘り起こされた方法」と同じ

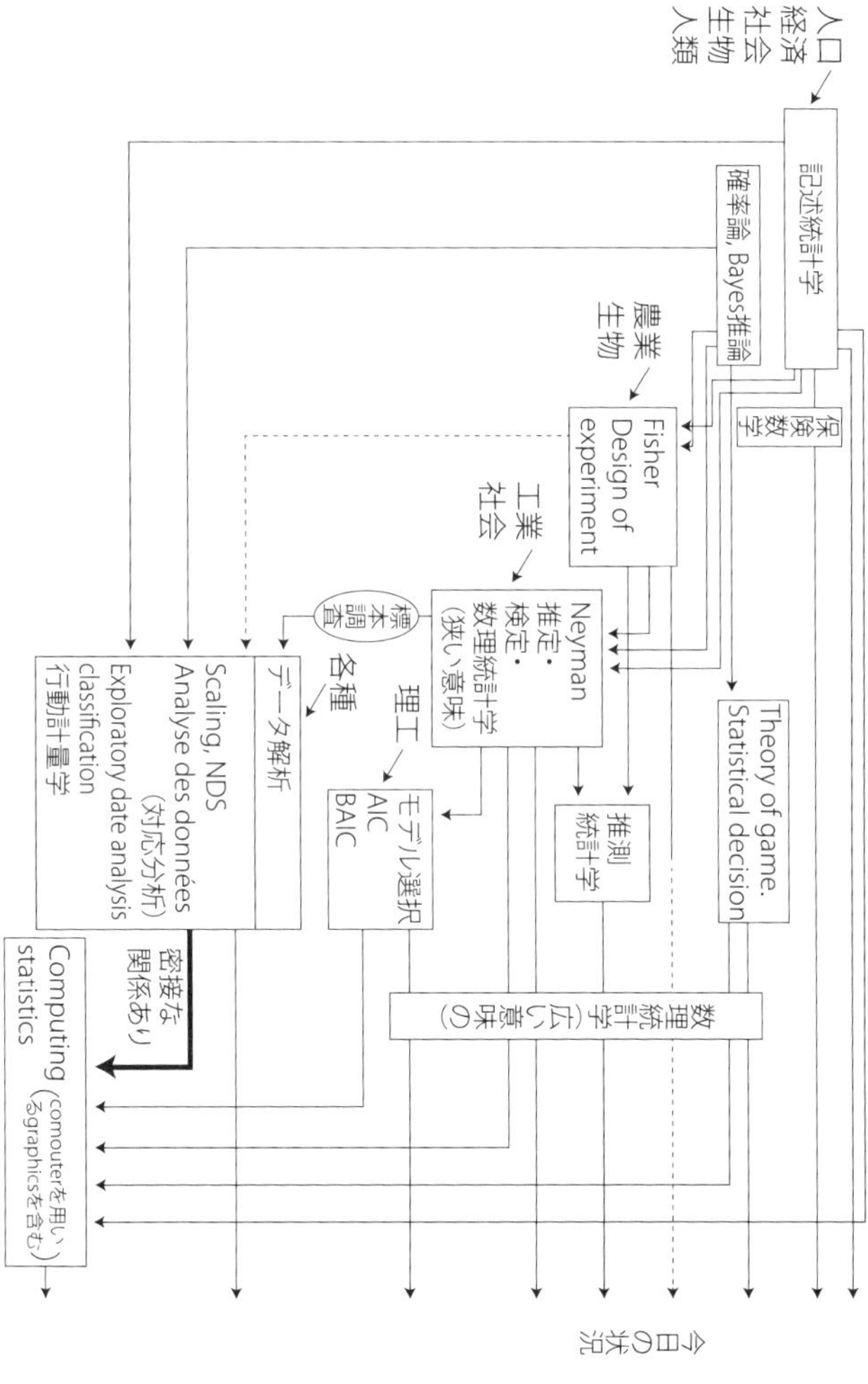

図9-1　統計的思想の流れ（著作集4巻、248頁）

である。

データとは、今日の用語を用いれば「情報」(インフォメーション)、さらには「情報戦略、諜報」(インテリジェンス)である。一九七九年ごろから、林の現象解析に関する考え方に変化がみられるようになった。それは、たとえばマニラで行なわれた国際統計協会第四二回大会の招待講演「マーケティング・インテリジェンス　一つの方法――意見構造の直感的把握のためのデータ解析」と題するものに表われている。(2)

さらに一九八七年、東京で開催された日仏科学研究セミナー主催によるデータ解析に関する合同研究会では、もはやこれまでの「データ解析」という会の名称では飽き足らないので、何か新たな名称をつけて、この研究会の柱にしようという趣旨のもとに、「データの科学」(Data Science)という名称に変えることが提案され、一九九二年にモンペリエで開催された第二回の日仏科学研究セミナーでは、「データサイエンス」を旗印にして多くの研究者の賛同を得た。データサイエンスとはデータアナリシスの新しい言い換えである。データアナリシスに、マーケティング、インテリジェンスを加味することによって、より深いデータ解析を企図したものである。この種の志向には、ICT(Information Communication Technology)産業の猛烈な発展とともにスーパーコンピュータが活躍するようになり、さらには、これまで紙と鉛筆で計算していたデータをコンピュータを利用して一挙に計算することができるようになるという予測がすでになされていたと考えられる。データサイエンスには多次元的データ解析手法が超然として周りを睥睨しているのである。(1)

ただし、現在の「データ」は、林が当初考えていた、正当な手順にのっとって、サンプリングしながら獲得し、信頼性ある保証のもとに分析されていたデータとは異なっている。データをサンプリングして収集するにも、調査費用が膨大に膨れ上がり、一般のビジネスには不向きな時間と労力を要するようになった。社会の仕組みも個人情報保護法によって守られ、これまでのように容易にサンプリングができにくい環境に変化した。彼が積極的にマーケティング・インテリジェンスに介入していったのは、そのような変化を予知したからではないかと察せられる。

マーケティングの分野では、データは他者に知られることなく、時には隠匿して用いなければならない情報である。この傾向は二十一世紀になってから特に顕著になった。林は、あまり、インテリジェンスという用語を用いたがらなかったが、恐らく今日の情報氾濫時代を意識していたからに相違ない。ますます複雑に多様化されるデータをどのように探索的に追求してゆくことができるのか。彼は図9－2のような「探索的戦略」を思い描いていた。

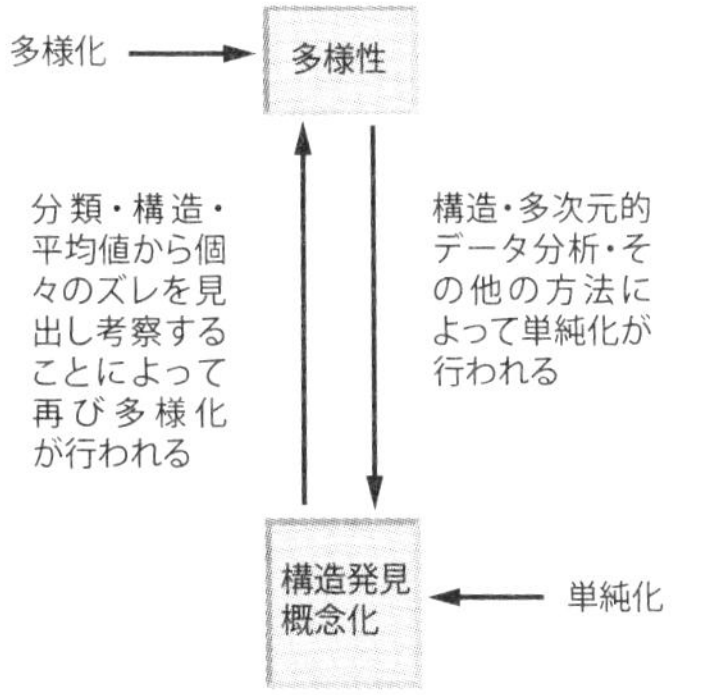
多様化
多様性
分類・構造・平均値から個々のズレを見出し考察することによって再び多様化が行われる
構造・多次元的データ分析・その他の方法によって単純化が行われる
構造発見
概念化
単純化
図9-2　探索的戦略（著作集4巻、261頁）

「データによる現象理解、データを通して見えてくるものを追求する。探索的研究。この研究のための戦略と戦術の開発」というものの考えが彼の脳裏を埋め尽くしている。したがって、いわゆるサイエンスが理論によって構成されているのとは異なっている。彼のサイエンスは、データによって構成されるとするデータ探索型方法論である。それが、現在われわれが模索するデータサイエンスの根本概念であり、その思想を形成している核となるものである。

過去の理論を信用しないという意味ではない。十分に信用するというのでもない。一つのポテンシャルとして利用する。それを基に考えて、データに生きているものを考える。このような考え方はこれまでのサイエンスとは異なっている。この種の考えは複雑で曖昧な現象の解明に役に立つと考える。(林 二〇〇一b)

一九九六年、統計学会が幕張メッセ国際会議室で開催したフォーラム「二一世紀の社会と人間——科学的手法による予測はどこまで有効か」というパネル・ディスカッションに参加した研究者は美添泰人《よしぞえやすと》(司会)のほか、竹内啓、林知己夫、河野稠果《しげみ》、佐和隆光、坂元昂《たかし》、古川俊之の六人のメンバーで、数理経済学、経済学、人口推計学、統計学、医学、教育界からの精鋭ともいうべき研究者たちであった。これは行動計量学会と統計学会が協賛した画期的なフォーラムであった。これまで統計学会と行動計量学会は、同じ統計数理研究所の研究員をそれぞれ中心的なメンバーとしながら、同じ釜の飯をともにすることをしなかった。数理統計か統計数理かと争ったその経緯から脱皮できずにいたのである。それが今回、協力することになった。

このフォーラムのシンポジストだった林の発言には耳を傾けるべき価値がある。

データの科学なんて申しますが、今までやってきたことの敗北みたいな意味を含んでおります。予測しても何にもならないことが多いのです。一九五〇年代にNTTの人が、五〇年先を予測して、設備投資をしたい、という話をもって来ました。しかし、そんな話はとてもできません。一九五〇年代で今日の事を考えられないからですね。過去を見てもそうだ、だから、そういう発想がおかしいのではないか。つまり、長期需要予測をしてそれに応じて対策を立てる、こういう考え方自体がおかしいのではないかとその時感じました。確かに現在、非常に難しい問題が次々と起こっています。それをそのままにしておくのではなく、何かアプローチしなければならないと考えた時に、発想の転換を必要とするのではないか。たとえば、地震予知をして、それに対して的確な対策を立てる。しかし、専門家には悪いが、地震予知ができるとは私には思えない。それでも、何の為に地震予知をするか、それは防災のためです。自然災害が起こった時に、人間および物的損害をなるべく軽減するというのがその目的であるとすれば、予知をしなくてもできるのではないか。しかし、予知も一つの条件にはなります。極めて不確実な意味の予測は成立すると思います。たとえば、地震は必ず起こるという予測は必ずできます。それも予知の一つであります。日本中に今後一〇年間にマグニチュードいくつの地震が起こるという予測はできる。その程度の事でも対策は立てられるのではないか。つまり、予測予知をして対策を立てるのではなく、防災のためにそういう不確定条件の下でどう行動したら良いだろうか。それを諸データによって解明する。データによって科学的になろうとする。こういう生き方ができるのではないだろうか。そこにデータの科学が役に立つのではないかという気がします。たとえば、考古学を見るとどうして昔にこんな物ができ上がったのだろうかという気持ちになります。又、変な食べ物があります。どうしてあんな変な食べ物を人間が食べるようになったのだろうか。誰が見ても不思議に思いますね。おそらく試行錯誤でやってきたのではないか。つまり、極めて長年月をかけて習得したと思われるわけです。それが一万年か二万年かは知りませんが、そういう長年月の試行錯誤のプロセスというものを、今日の科学レベルに立つならば、つまりある意味のデータの科学を援用しながら、もう少し効率的に長大な年月をかけずにできるのではないか、という事です。所謂自然科学的にきちんと予測して対策を立てるというのは難しい。どの先生方のお話しをお伺いしても、もはや来るところまで来たという感想を持ちます。ですから、発想の転換というものが必要なのではないだろうかと考えています。

〔…〕先ほど申し上げましたように、発想の転換、あるいはこれまでの方法論の脱皮によって難しいことにアプローチしてゆくという気構えがなくてはなりません。これができなくなった原因は科学の分化というものが進みすぎてしまった。研究が矮小化してしまったことです。それではどうしたらよいだろうか。これはもう研究者の意識の問題以外にはありません。それをサポートするのが、いわゆる学会であり、研究所であり、或いは大学まで含めて研究機関でありまして、どうしても研究者の意識の問題は極めて大事であると思わざるを得ないのでございます。

彼はこのように発想の転換、研究者の意識の問題に触れており、今日の研究者同士があまりに狭量に重箱の隅をつついて満足しているような様子に注文を付けている。こうした視点に立って、これまでのデータ解析をデータサイエンス（データの科学）という広い視野から見て、データを取り扱っていこうと提案している。このフォーラムには行動計量学会の重鎮である池田央《ひろし》（立教大学）も出席していて、次のようにコメントしている。

行動計量学会の会員として感じていることを申し上げたい。一つは、現代の日本においてデータを使ってものを考えるという事が弱い。あるいは、不足していることです。林先生が提唱されましたデータサイエンスという事はそのきっかけとして重要なポイントだろうと思います。その点について、デザイン・フォー・データという事、コレクション・フォー・データ、アナリシス・フォー・データという三つのポイントを挙げておられました。私は、そのいずれも重要であることに変わりはないのですが、専門家の技術や能力がいくら向上しても、それを受けとめる周囲の環境と言いますか、市民レベルと言いますか、そういう文化的土壌がまだ育っていないような印象を持ちます。そうすると、いくら専門的に精密な分析を提供しても、それを受け止めて、あるいはそれを使って何か物事を考えてゆくという姿勢というものが生まれてきがたいのではないか。従って、データサイエンスを進めていくグループの役割の一つとしては、リーズニング・バイ・データというんですが、私が好んで使う言葉ですが、データを使って物事を判断したり考えてゆくことが大事と思います。……データに基づいて物事を判断してゆくという事は、一般の人々が感情によって物事を判断したり、ニュース・メディアから受ける色々な印象によって判断するものに加えていく必要があり、現状ではエビデンス・ベースによるリーズニング、つまり、データに基づいて物事を考える土壌とか、そういう進め方が乏しいと思います。一つの原因はデータのデスクロージャーという事も関係してくると思います。一般の人々に数値情報がオープンになれば、世の中が変わってくると思います。そういう意味でも、データサイエンスに携わる人たちの一つの仕事としては、データの公開の推進を含めて、小さいときからデータに基づいた物事の考えを進めるという教育が非常に重要であろうという事を特に感じました。

〔…〕データによってものを見るという事が、人間として生きるときの根本の一つであるという教え方を小学生の時からしなければ拙いという事を感じています。そうなると教育の問題になりますが、さまざまな問題が発生するからそれで困ってしまう。〔…〕（現在の教育界は）とにかくデータに基づいて考える土壌が乏しいという印象を持ちます。国語教育が重要ですね。

上記のような議論を経て、林が締めくくったことは、「発想の転換」がとにもかくにも必要であるということである。技術は人間の好奇心の強さのおかげでどんどん発展してゆく。人類の歴史の終末がいつなのかは予測もできないし、技術の進歩が止まった時に人類は終焉を迎えると考えれば、ペシミスティックな感情しかわかないが、必ずしもそうではない。人類の知恵はそれほど半端なものではない。人間の知恵は危機に遭遇してそれを打開し、物事を切り開いてゆくものである。つまり、人間は漫然と事態の衰微してゆく風景を眺めてはいなくて、その打開に立ち向かおうとし、そこでは「意識の変革」が必ず行なわれるものだと林は確信していた。

上記のフォーラムは、二十世紀後半に、来るべき二十一世紀を展望して、二十一世紀の社会はどうなるのかを、多分野の専門家から予測してもらうべく企画されたものであった。だがよく考えてみると人間のいかなる叡智も自然災害やテロ行為、身近なところで信じられない詐欺行為や猟奇殺人など、新聞紙上をにぎわす多くの社会的事件を的確に予測することができないのも事実である。二〇一一年三月一一日の東北大震災、それに伴う原子力発電所の放射能漏れ、そのために住民たちがその住処を追われていまだに仮設住宅に住んでいるという現実を誰が予測しえたであろうか。確かに科学者は間もなく地震災害が起こるから防災体制を強めるようにと警告しているが、その日がいつなのか正確には予測しえない。その意味において古来からいかがわしい預言者が地球の破滅を唱え、人々を不安を喚起して倦むことがない。

複雑曖昧な現象をデータの科学として取り扱う提案的戦略
……逐次近似の考え方……

確実な（精密な）物差しはない
↓
一応の「あやふやな」物差しを作る
↓
しっかりした調査法に基づいて測る
↓
分析することにより「解ったこと」と「解らないこと」が解る
↓
物差しのある点を変更し、新しいものを付加する
↓
再び測る。このとき、測り方も研究する
↓
変更したものともとのものとの比較。もとのものと新しいものとの関連性の比較である点がわかり、また新しい課題が出る
ここでまた新しい物差し作りに進む
↓
この過程を繰り返すことで、逐次的に研究が進む
このプロセスのうちに何らかの情報が獲得される

図 9-3　データ獲得の探索的戦略の一例（林 2001b）

さらにインターネットが発達して、さまざまなネット情報やブログ、ツイッターなどでの人間のつぶやきが、すべてデータとなって生活圏内に入り込み、ビッグデータの横溢する社会となった[2]。この社会現象のなかで、最も魅力的な分野は統計学だとの標榜とともに、厳密さを欠いたデータ情報が溢れだす。データサイエンスの時代となったとはいえ、それはもはや林の意図するような厳密な統計的手法、数量化理論を飛び越えたところにある。まさに社会は溢れだすデータによって危機的状況にある。もちろん、これまでの経緯を踏まえて、データサイエンスを真剣に研究するためのウェブ調査という研究テーマを追究している統計研究者もいるが、先は長い。この分野で新たなデータサイエンスを実施するにも、もとになるデータそのものに夾雑物が多すぎて、どれが本来のデータなのかを見極める目が霞む。だが、林の残した遺産ともいうべき「データサイエンスという思想」をもう一度思い出し、肝に銘じなくてはいけない。

データサイエンスはまずデータの獲得から始まる。何もないところから緻密な調査、実験計画を組みデータを採取する。ここでデータ獲得の探索的戦略図（図９‐３）を示してみよう。

この図はデータを重視しすぎているかのように見えるが、必ずしもそうではない。信じられるデータを探索するための科学的方法論がデータサイエンスの要なのである。たとえば、ある尺度を用いてデータを採取する。さらに別の尺度で同じようにデータを採取する。常にデータを測定する正確な尺度はないと考え、次々と探索的に多くの尺度を用いて同じデータを採取してゆくのである。ガットマン・スケールにしろ、サーストン・スケールにしろ、どちらが正確で真のデータを採取できるかは現象の性質によって異なってくる。これを見分ける視点が重要である。このようなデータを採取するための研究戦略は、図９‐４に示すとおりである。

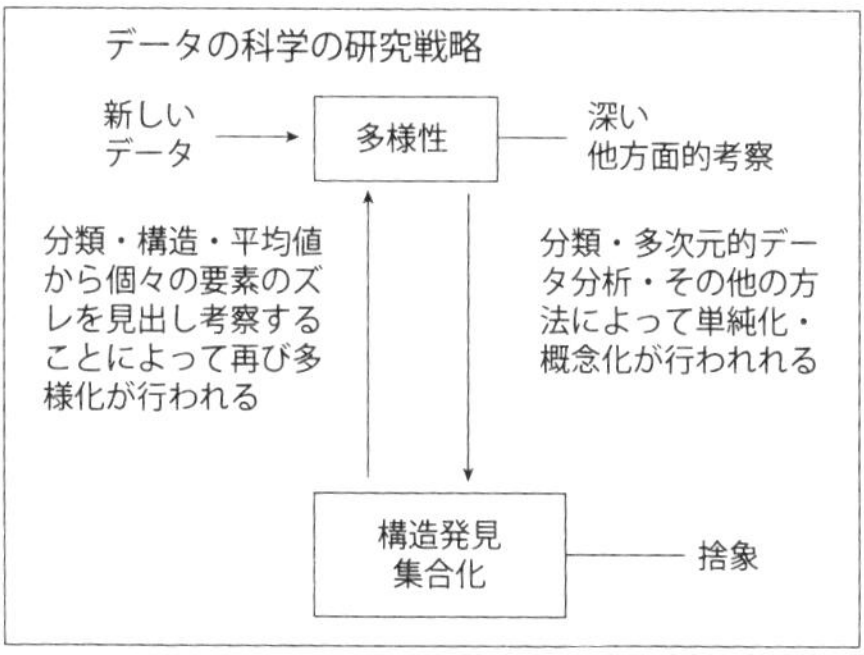

図９-４　データ獲得の探索的戦略の一例（林 2001b）

図を見て分かるように、データの分析の段階で、「多様性」という概念が重要である。つまりデータは複雑であり、多様である。そのためにデータを見ただけでは何を示しているのかわからない。わからないからそれを単純化する。さらに概念化、構造発見という道程を経て、やっとデータの意味していることが理解できるのだ。分析には研究者の個性があり、個人のデー

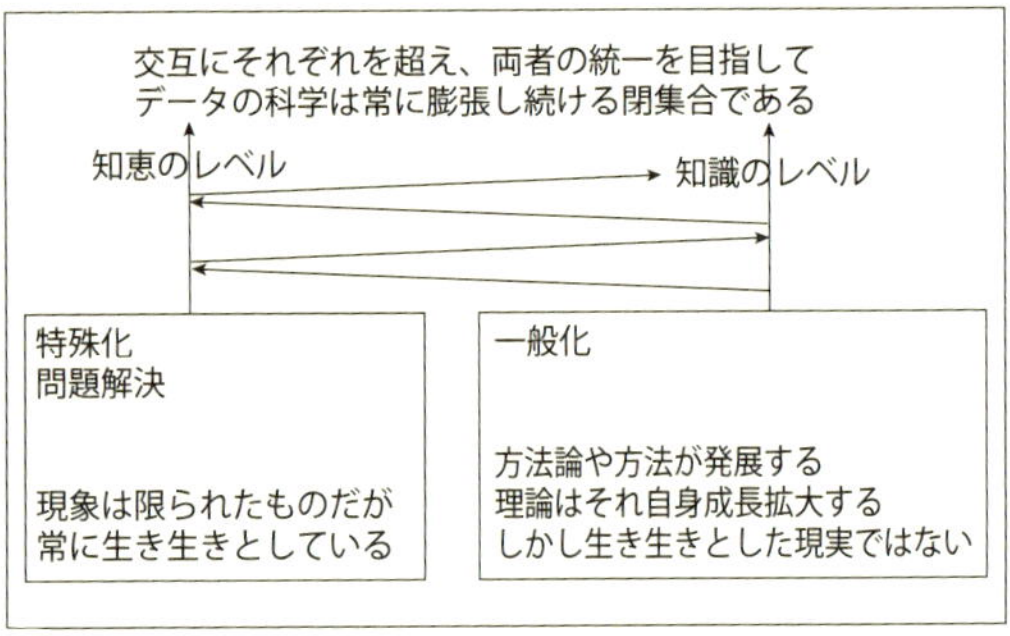

図9-5　データの科学の研究のあり方（林 2001b）

タにも個性がある。ゆえに多様な構造が見えてくるまで、目を凝らしてデータから何かを見つけ出す方法論を考えなければならない。

　ある種の問題を考えようとするとき、一般的には問題を解決に導くための、その種の問題に常識的に考えられていた知識を利用する。さらにそれを改良して新たな知識を得る。すなわち知識の一般化を図り、さらに発展させてゆく。そしてその知識を個別の問題に適用する。このようにして、統計手法の利用者（ユーザー）と提供者（メーカー）が一体となって問題に取り組む。それがデータの科学である。さらに、特殊な問題を扱うことによって、これまで理解されなかった問題の糸口が見つかる。すると知恵がついてくる。ここでいう知恵とは知識あっての知恵である。知識が知恵に転化するほどの熟練を要するということである。知恵のレベルは研究者《メーカー》個人の持っている感性や直観力に呼応するから、これを一般的に分かり易く解説してくれる利用者《ユーザー》が必要である。するとこの種の知識のレベルが上がり、相互のポテンシャルに弾みがついてくる（図9－5）。このようにして、データの科学が向上するわけである。

　研究の進展は図9－6に示すように螺旋的に発展する。多くの場合、その螺旋には背反的な具体と抽象、一般と特殊といった現象が重なり合いながら相互に発展し展開してゆく。提供者即利用者、一般即特殊、有限即無限といった「相即の原理」を脳裏に描きながら、問題を発見し、解決に導き、新たな困難な事象を発見してゆく。このような理論と実証を螺旋で結びながら上昇し、真実に近づいてゆくというのがデータサイエンスという思想の根本概念である。この二つの関係が螺旋を描きながら、一つの真相に迫ってゆく。その道程は人間の限りある叡智の範囲を超えることもあるだろう。しかし、見えないものを見えるようにすることによって、これまで理解の範囲を超えていたものが少しずつでも明確になってくる。図にみられるように、理論と実証を螺旋で結びながら、研究は常に連続的にまさに上昇するように発展してゆく。このデータサイエンスという思想を林の生の声で聴いてみよう（林知己夫氏公開インタビュー、二〇〇一年四月統計数理研究所）。

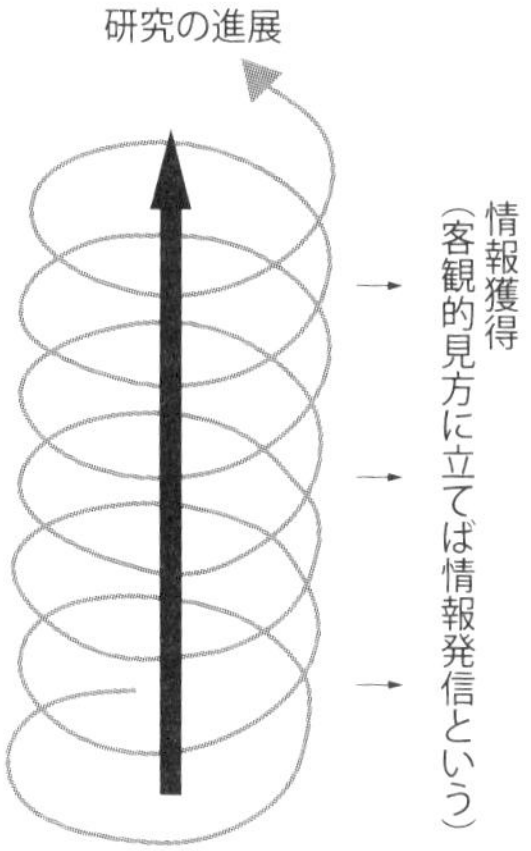

図 9-6　上昇螺旋的研究の進展

〔…〕「数理統計」も悪い所ばかりじゃあないんです。それで、「両方のいいところを摂ろうじゃあないか」という気が十分にありまして、それで「記述統計」を大事にしたんですね。記述統計じゃあなくて、数理統計ばっかりやっていたら、数量化なんてできませんよね。それが行動計量学です。それでも、「やっぱり、これじゃあまずい」

となって「調査の科学」まで来ましたが、やっぱり不徹底だ、というので「データの科学」になった。〔…〕僕はね。「理論を立てること」自身に非常に疑問を感じるんです。そこで、「データによってものを見よう」「データが中心だ」と言ったわけです。すなわち、「データによって複雑な現象を理解しよう」ということをやってゆく。「理論はポテンシャルであって、われわれにとってはデータが非常に大事である」というわけです。さまざまな理論がありますが、それは一つのポテンシャルとして考えようではないか、ということです。数理統計の科学と方法論的に随分違うんですよね。こんなことを言って、科学の世界で通るかどうか。方法論的には大喧嘩になって、なかなか通らないとは思うんですよ。〔…〕

3　データサイエンスの将来

経済学や社会学は実証科学ではないから理論が大事であり、それなしには単なるイデオロギーになってしまい、現実とは乖離した世界で物事が進んでゆく。それは一つの立場である。しかし、複雑な現象を理論だけで理解しようとすることは非常に危険である。だからデータサイエンスは複雑な現象をデータによって理解しようとするのである。

北川源四郎は統計数理研究所所長を退職してから、情報・システム研究機構長になったが、その時の彼のメッセージが極めて興味深い。データサイエンスとは一線を画してきた北川のメッセージは以下である（二〇〇四）。

〔…〕時々刻々大量の情報がほとんど自動的に取得されるようになっています。この結果、ユビキタス社会[3]の到来が現実のものとなり、社会定性も科学・技術の在り方も大きく変化して、量が質に転化しているという使い古された言葉が現前した感があります。特に、科学・技術の世界においては、従来の理論・実験に加え、計算が第三の科学的方法論として確立し、今後は第四の科学ともいわれるデータ中心科学の確立が必要になっています。〔…〕

ある意味で、ここに述べられていることを実現するにはデータに関する大々的な機構組織が必要になるだろう。そこまでたどり着くためのデータサイエンスという遠大な思想は、今後の一層複雑化する社会には必要不可欠である。こうした現実を深く考えている研究者の一人であるM・P・クーパーは、旧約聖書の「伝道の書」第三章をふまえて次のように述べている（Couper, 2008, 2013）。

ツイートするに時があり、ブログを書くに時があり、調査に時があり、実験に時があり、インタビューに時があり、観察に時がある。

その時が来るのをじっと待ち、時が充ちれば科学的叡智に満たされた研究者の一人は立ち上がるだろう。今日のデータ氾濫時代はやがて過ぎてゆく。それらを網羅的に考えることのできる研究

者、全体を統括することのできる叡智ある研究者が一日も早く出現することを林は切望していたのであった。(4)

第十章　わが魂の燃え尽きざる如く

1　生涯の最後の仕事

林知己夫は長い間、統計数理研究所で研究活動に励んでいたが、ちょうど四〇年が経った一九八六年に、この研究所を定年退職する時がやってきた。彼は、その後、三年あまり放送大学でデータ解析法の講義を担当したが、やがて、渋谷区桜ヶ丘のマンションの一室に研究室を設け、戸口に大きな木彫りの表札「林」を掲げ、多くの国際比較研究調査を実施し、ブラジル、アメリカ西海岸の日系人の調査などを精力的に行なっていた。また、彼を慕ってくる研究者たちのために、一カ月に一回程度の割合で午前中に研究会を行なっていた。さらに夕方には「木曜会」という名の勉強会を、多くの実務家や研究者のために開いた。月一回のペースであったが、木曜会は人数が増える一方なので研究室が手狭になり、やがて統計数理研究所の一室を借りて開かれるようになった。この研究会を主催したのは統計数理研究所の村上征勝（現同志社大学）で、吉野諒三が積極的に参加して、林の手足となって活動した。その他、柳原良造が発起人となり、林を講師に迎えて、「データサイエンス研究会」が定期的に開催された。

一方、当時、大学入試センターの準教授であった岩坪秀一が、勤務先の若い同僚などを集めて、活発な研究会を渋谷で行なっていた。大学入試センターのメンバーが多いことから、必然的に大学入試に関わる諸問題が話題になった。そのほかにもさまざまの分野から多くの話題が提供され、林も若い研究者たちの熱意に同調して終始話題に加わり、お昼に時間の取れるときには近所の天麩羅屋「天松」に皆と一緒に食べに行き、さらに精力的な活動を行なうために研究室に戻った。やがて、誰ともなく、その研究室を「林塾」と呼ぶようになった。

途中からドイツのケルン大学から帰国した丸山も参加し、ドイツの大学生の危機意識と日本人大学生の危機意識の比較研究を行なった結果を発表した。日本人大学生とドイツ人大学生（ケルン大学、マールブルグ大学）の危機意識の空間布置図はほとんど同一であり、日本人とドイツ人の危機意識に有意な差が見られない、というようなことを述べた。

当時、日本ではオウム真理教問題、ドイツではネオナチ問題が発生していた。ともに若い青年たちの国家に対する不満がこのような形となって社会問題にまで発展したのである。ドイツでは就職難で就職できない若い青年たちがネオナチ軍団を組織して街の中を闊歩しており、パトカーが常時走り回っていた。林はこの話を聞いて納得した。特にドイツのネオナチについて興味を示した。国際比較研究を行なっている林にとっては格好の題材だったのである。

後に、彼はこの問題に関心を抱き、ネオナチズムに関する資料を取り寄せて読んだ。いまだドイツでは青年層にナチズムの影が付きまとっているらしい様を丸山に聞きただした。彼がその時のドイツ・ケルンの状況やデータ分析の結果を真剣に聞いていたのが思い出される。

林塾を訪れた学生のなかに東京工業大学大学院の森本栄一がいた。彼の研究は「数量化理論の形成から定着」というもので、林塾に集まった多くの研究者たちは、若い大学院生が「林の数量化理論」を研究対象にしたことに驚くとともに、喜びを隠し切れなかった。

林は、丁寧に熱心に森本の研究論文を指導し、この若手研究者に多くの期待をかけた。後にこの論文は「戦後日本の統計学の発達――数量化理論の形成から定着へ」というタイトルで、『行動計量学』第三二巻一号（二〇〇五年）に掲載され、日本行動計量学会奨励賞を獲得した。

2　国際研究交流を推進する

一九八三年以来続けてきた「分類の理論と応用に関する研究会」は、一九九一年に「日本分類学会」となり、林はその初代会長になった。この研究会は特に国際的な研究交流を主眼に置き、フランス・ベルギーに誕生したフランス語圏の分類学会の主要メンバーと密接な関係を築き、情報交換を進めた。林は日本にも国際分類学会の創設を渇望していたのである。ドイツ、イギリス、北米（米国、カナダ）、イタリア、ポーランド、ポルトガル、フランス圏（フランス、ベルギー）などの各国の主要メンバー、それとスロベニア（准会員国）との粘り強い熱心な話合いのもとに、ついに国際分類学会連合（ＩＦＣＳ：International Federation of Classification Societies）の創設に至った。

国際分類学会の第一回大会は、一九八七年にドイツのアーヘン工科大学で開催された。この年は、林が統計数理研究所の所長を退任した年である。その後、一九九六年に第五回大会を日本の神戸国際会議場で開催し、林が大会組織委員長として獅子奮迅の働きをした。このときの彼の「データの科学」に関する研究発表は極めて重要なもので、今日の「データの科学」の根本思想を総括し、データ解析からデータの科学への発展の筋道を明確にしていた。この頃からすでに、彼はデータサイエンスという名称を使用している。データの科学、すなわち文字どおりに「データサイエンス」である。

ドイツのケルン大学で客員教授をしていた筆者のところに彼の手紙が届いたのは一九九五年六月七日で、そこには次のような内容が記されていた。

データは「そこにある」ものではなく、いかに「取るか」も含めたものでなければならない。この一貫した上に立って新しい方法論（データを取る計画―取ること―分析が一つの理論的一貫性を持つ）が生まれる。私の言うデータサイエンスの概念である。こういうわけで、私は専ら、この線の上に立って考えているので「理論の上に立つ理論」のようなものには興味は全くありません。

同種の内容は『データの科学』（二〇〇一b）にも掲載されている。

その後、林は一九九八年から二年間、国際分類学会連合の会長を務めた。これにかかわる資金調達の労を取ったのは統計数理研究所の大隅昇、馬場康雄であった。彼らは、今後「データの科学」が新しく発展・進展を図ることの重要性、そこで分類の概念が果たす役割や重要性を認識させるために意欲を燃やして、林の片腕となった。

さらに銘記すべき重要な事柄がある。国際分類学会連合会長の任期と前後して、林が「若手研究者旅費支援制度」（Travel Award Program：ＴＡＰ）を創設したことである。彼はＴＡＰ委員会の委員長を務め、若手研究者の研究費用の一部負担のために尽力した。かつて、みずからが若き日に苦労した海外研修の経験から、費用の一部を国に代わって負担しようとする努力にはかなり厳しいものがあったが、彼はそれを自分に与えられた使命として取り組んだのである。これは後に林賞と命名された。

林は自分が生きている間に、何らかの方法で林知己夫賞を創設したいと考えていた。若手の優れた研究者に研究費の一部を補助して、彼が考えているような方向で研究のできる研究者を渇望していた。この林賞は、行動計量学会の林知己夫賞（後述）とは異なり、渡航費を援助するというものであり、国際分類学会ならではの学術奨励賞であった。かつて、夫人の実家のある倉敷の駅前で「たい焼き屋」を開き――「およげたいやき君」という歌謡曲が流行していた時代のこと――たい焼を売って資金を作り、それを若手研究者のための研究奨励賞に充てたいと思っていたが、その願望がやっとかなったのである。

行動計量学会には創設当初から学会功績賞があったが、林知己夫が死去した後、林知己夫賞と命名された。第一回目の学会功績賞を受賞したのはカナダのマギル大学の高根芳雄で、彼は学会創立以前から多変量解析研究会の参加メンバーであり、その頃発表されたイリノイ大学のタッカー教授の三相因子分析の分厚い本をその場で読破し皆に披露した。当時は、学生運動たけなわの頃で大学は閉鎖され、学生運動に参加するか日和見で終日ぶらぶら過ごすかしかない学生たちのなかにあって、学問的意欲に燃えていた。

学会設立後はカナダのマギル大学に所属して行動計量学会の欧文誌編集委員を務め、欧文誌に多数の論文を書いた。さらに、欧米諸国の優れた研究者を積極的に『Bihaviormetrika』に投稿させた。現在はマギル大学の名誉教授である。高根の学問に対する精力や熱意は尽きることなく、日本人として「かくあるかな」と行動計量学会会員に誇りを持たせるものであった。

それ以来、学会には「功績賞」のほかに、「優秀賞」が設けられた（ともに一九八六年設立）。その後、学会には、一九九九年には奨励賞（肥田野直・水野欽司賞）、二〇一一年には出版賞（杉山明子賞）など多くの賞が設けられた。若い研究者に純粋な学問研究への意欲を亢進させるための方策も多々設けられた。

林は統計数理研究所を退職した後、外国に向けて多くの情報発信を行なった。渋谷に事務所を構えてたびたび外国へ渡航したが、統計数理研究所の現役時代にはなかなかなしえなかった研究活動、特に数量化理論を積極的に普及したかったからである。かくして世界に林知己夫の名を広めることとなった。

林の最後の海外旅行は、二〇〇〇年十一月にドイツへ、玲子夫人同伴で行った。帰国後、ただちに『データの科学』(二〇〇一b)を執筆・上梓し、それが彼の最後の単著となった。

3　最後のメッセージ

二〇〇一年九月一一日、アメリカで飛行機ハイジャック事件が発生する三ヶ月前から、故もなく彼は郷愁の念に襲われ、来し方行く末を深く考えながら、いつの間にか、これから推し進めようとしている新たな「データの科学」の体系化を熟慮していた。それは、凡人には分からない壮大な構想に違いなかった。

二〇〇一年に上梓した『データの科学』には、的中率の問題が多々書き込まれていた。彼は戦時中の血のにじむような体験からデータの有効性に対する確信を持ち、その後、それが生涯にわたってデータの研究に執着する原動力となった。これは誰かに教えられたりしたものではない。的中率が正確であったりはずれた時の喜びや悲しみから培われてきたものである。データの科学はデータの理論に裏づけられてこそ成り立つものである。彼が描いたデータの理論に関する構想を探るには、『データの科学』を熟読玩味して、理論的方法を理解しなければならない。また、すでに分析されたデータのなかにさらなる真実を探り当てるためには、データマイニング(第八章5)による手法を駆使して、さらなる高みへと上り詰め、そこにある金脈を探り当てなければならない。それが残された者の務めである。データに関する諸説が流れている現代社会のただなかにあって、若い研究者が林の思想を共有して、彼の「データの科学」をより精緻にした「データの理論」を構築することを林は真摯に願っていた。

二〇〇一年の第二九回行動計量学会大会は、九月一三日から四日間、甲子園大学（大会実行委員長は同大学長木下富雄）で行なわれ、林は基調講演をしなければならなかった。だが林は、九月一一日にアメリカでのテロ事件の報道を一晩中見ていて、翌日具合が悪くなり入院することになった、講演会をキャンセルしたい、と林夫人から電話がかかってきた。これまでの林は、いかなる事情があっても講演会を休むことなどありえなかったが、やむを得なかった。大会委員長であった木下は何とかならぬかと学会の理事たちに相談して、別の主題に変えて講演会に穴をあけずに事なきを得た。

翌二〇〇二年五月一一日、林はその穴埋めとして、統計数理研究所で、行動計量学会シンポジウムで講演を行なった。岩坪の司会で始まったこの講演は気迫がこもっていた。林は壮大な構想のもとに「データの科学」の体系化を語った。

彼はペットボトルを持って壇上に立った。これまでにない光景で、照れ笑いをしながらこう挨拶をした。

〔…〕去年との違いは、これ（ペットボトルの水）をもって壇上に上がっている。なぜかと申しますと、退院後、医者の学会で話をしましたら、ちょうど私の主治医が学会に出ていまして、「水をしっかり飲まないと心臓に悪い。だから、水を飲みながらやれ」という指示がありました。（講演会記録、二〇〇三）

医者が薦めたことを素直に実行する、それは、医者にとっての最良の患者であることを窺わせた。確かに彼は専門家に対する尊敬の念が強かった。

この講演から一カ月もたたぬうちに体調が急変したために、林は日本医科大学循環器内科に再入院となった。彼の主治医は、古くからの知合いである日本医科大学の木村栄一の門下生であった。木村は心電図研究の権威であり、日本医科大学の学長も務めた。木村はすでに死去していたので、弟子たちは林から内科学学会で多くのデータ解析を学んでいた。入院直後の診察をしたのも、そのなかの、彼の一番弟子の早川弘一（後に日本医科大学学長）とその弟子たちで、彼らは林の病気を二カ月の間、治療した。行動計量学会理事長であった杉山明子が見舞うと、林は微笑みながら、担当医に水の量、食事の内容などを細かく質問し、いろいろと注文していたという。担当医が退室すると、林はそばで心配そうに見守る杉山に目配せをして「ＱＯＬだよ」と笑いながら言った（第四章注7）。

すでに、心臓はいまにも彼の命の火を吹き消さんばかりに悪化していたが、彼はそんなことには頓着なく、最後の著書になる『数字が明かす日本人の潜在力——五〇年間の国民性調査データが証明した真実』（二〇〇二）を、誰にでもわかるように容易な文体で書き終えて、最後の校正をしているところだった。この本は、これまで行なわれた五〇年分の「日本人の国民性調査」の総まとめであり、林がそこから引き出した最後の日本人論に相当するものであった。

第二次世界大戦に敗れ、それまで一度も敗北したことのなかった日本人の精神力が試された戦後の時間、その長い試練の年月を日本人はどのようにして乗り越えたのか。日本人が本来持っている底力、いわば潜在的能力を、調査データから明らかにしようとしたものであった。

戦後、日本人は働き蜂のように働き、経済的発展を推進し、世界第二位の経済大国にまで上り詰めた。だがその後、バブルが崩壊し、これまでの日本人の清貧や節約の思想が多くの人たちの共感を呼んだ。戦前生まれの日本人にとってこうした日本人の国民性は当然であり、これまであまりにキリギリス的生活に狂奔したのだから、これからはアリ的生活方針に切り替えるときが来たのだと納得した。日本人の本来持っている国民性を取り戻すために努力しようと多くの人たちは前向きに考えていた。だが、戦後に生まれた若年層や中年層はこの状況に不適応を起こす者がおり、自殺率が世界第三位にまで上昇した。しかも、政治・経済・外交において山積する課題を抱えながら、茫然としていた。この本は、このような日本人の「心の処方箋」をデータによって指し示そうとする試みであり、彼の祈りにも近い希望の書であった。

さらに、この本で彼が力を込めて書き綴ったのは「日本人の宗教心」についてである。外国へ行くと多くの場合、「あなたの宗教は？」と聞かれる。多くの日本人は「宗教は何も信じてはいない」と答える。外国人は日本人は無神論者か、あるいは野蛮人かと訝しげに首をかしげる。しかし、この点について、データが明かした日本人の信仰心は実に深遠である。外国人にとって宗教とは信じる対象である。しかし、日本人のそれは誰に教わることもなく身についた漠然とした素朴な宗教感情なのである。

林は外国へ行くと、ふと気になることがあった。キリスト教徒は食前の祈りとともに食事をするが、それは日頃の宗教教育の賜物であろう。一方、日本人は食前に無意識に「いただきます」と言って手を合わせる。これは、日本人の素朴な宗教感情の所作である。基本的に宗教的感情が潜在しているにもかかわらず、日本人はどういうわけか自分は無神論者であると言う。外国で無神論という言葉をむやみに使用すると、相当の哲学者であると思われるだろう。無神論は有神論を超えて行きつく形而上学的思念なのである。それはさておき、日本人の国民性に素朴な宗教心は根強い。しかも、加齢とともに信仰心が高まる傾向にあるにもかかわらず、多くの日本人は自分たちの本性が宗教的であることに気づいていない。

日本人は宗教心がないとよく言われるが、何の宗教教育もなく、これだけの感情を保ち続けている民族は、世界に類を見ない。（林・桜庭 二〇〇二）

林はほとんど活力を失ったかに見える今日の日本人が自信を取り戻し、進んで国際的相互理解を高めるためにはどうすればよいのか、その道しるべを心を込めて書き記し、彼らに「心の処方箋」を与えようとしたのである。

日本人の国民性調査に始まり、国民性意識比較調査のデータ分析から明らかになったのは、「やはり、日本人は優れていた」であった。日本人らしさを大切にしながら、国際協調に励み、歴史的に見れば敗戦・占領などさまざまなことがあったが、これほど損害の少ない国はないのだと納得しながら、二十一世紀を生きてゆくことを彼は願い、多くの示唆を与えてくれた。

だが、もはや、彼には時間がなかった。彼は集中治療室のなかでも本の校正をするほど意識は万全であったが、自分の肉体が滅びてゆくことを意識していたのかどうかは定かでない。

二〇〇二年八月六日の朝八時に彼は逝った。三〇年前に末綱恕一が逝った日と同じ祥月命日である。八四年の生涯であった。

4　倶会一処

林の最後の著書『数字が明かす日本人の潜在力』が上梓されたのは、彼が死去した九日後の八月一五日であった。これはこの本を執筆することを強く勧めた桜庭雅文との共著であった。林がこの世を去った一五日後、八月二一日の朝日新聞夕刊は、この書を彼の「遺言」であると報じた。

当時、統計数理研究所の所長であった北川源四郎の感慨深い林知己夫への弔文が、研究所の機関誌『統計数理』第五〇巻に掲載されている。

〔…〕先生は近年、「データの科学」を提唱され、亡くなられる直前まで研究・著述に取り組まれていたと伺っております。ひとりの研究者としては信じがたいほどの極めて多方面にわたる仕事を成し遂げられたとはいえ、新しい構想の展開途上で亡くなられたことは誠に残念なことといわざるをえません。〔…〕先生は一貫して探索的立場に基づくデータ解析を推進され、統計数理研究所の伝統となった研究スタイルを確立し実践されました。「理論による現象の理解」という伝統的な科学方法論に対して、「データによって現象を理解する」という主張を標榜され、その立場は数量化理論、行動計量学、データの科学として具現されました。その特徴を誤解を恐れずに標語的に表わせば、理論よりはデータを、因果関係よりは集団特性の数量的表現を、ミクロ化よりはマクロ化・総合的見地を、そして仮説−検証よりは仮説発見をということになると思われます。統計科学における現実の問題を重視するこのような立場の実現として、統計数理研究所では探索的データ解析と統計的モデリングという二つの流れが生ずることになりましたが、先生を中心とするデータ解析、データの科学の方法は、国民の意識のような複雑で曖昧な対象の研究において特に威力を発揮し、統計科学の研究領域および応用分野の飛躍的拡大に貢献されました。〔…〕

現代社会はビッグデータの社会である。しかもそのデータは一定の水準に収まらず、いかようにも自在に変貌を遂げる、捉えがたい性質を持っている。空中に浮遊する「ゴミ」のごとき多様なデータのなかから、真水のごとき透き通ったデータを絞りだすためのモデル構成を、北川源四郎の述べる造語、「データ中心の科学的方法論」というのは的を得ている。ただしこのデータサイエンスの課題は今後に残された課題である。「データ中心の科学的方法論」を林のデータサイエンスに沿って開発してゆく優れた人材の出現を林は切望していた。しかし、かくまで社会にデータが乱れ飛び、スーパーコンピュータの発展によって人間の理性にベールを掛けてしまうことになる危険を、林は予測していただろうか。

彼が最後に単著で上梓した『データの科学』(二〇〇一b)の基底にあるのは、犯罪者の仮釈放のデータに始まり、マーケティング、世論調査、選挙予測、そして何よりも彼が四〇年来手がけてきた国民性の研究におけるデータ、その後国内のみならず海外へも目を移して海外比較調査における膨大なデータの山であった。彼は目前に山積して広がるそれらのデータを見つめながら、データの科学を考えた。学問とは、複雑多岐にわたり変幻自在に動き回る多数の要素の塊をいかに分類するかである。分類の基準をどこに置くかで、その学問の形態も現象も変わってくる。つまり、学問をする学者の頭脳、意志、情熱によっていくらでも変貌するのである。林が目の前に積み上げられた膨大な山のごときデータを摑み取る時の情熱は、飢えた狼が獲物に食らいつくほどの意力に満ち、凡人には近づきがたい気迫が込められていた。彼は、データを取り扱う人間の「思想」とデータを採取する人間の「こころ」を大事にしながら『データの科学』を書き上げた。

林の膨大な著作集や『データの科学』のなかからわれわれは、彼のデータ、データサイエンスに対する熱い想いを、耳を研ぎ澄まして聞き取るべきであろう。

私の場合、先に述べた戦争中の血のにじむような体験からデータの有効性に対する確信を持つようになり、それが今に至るまでデータの研究の方向づけとその実行を進める原動力となってきた。これがデータの科学となったのである。この確信は本を読んだり、教えられた理屈から生まれるものではない。みずから実際に体験し、痛みや喜びを味わうことによって培われたものである。

〔…〕単にこれまでにあるものをまとめ整理するという理念、考え方は、私の取るところではない。そうではなく、今後の方法論・方法・理論を発展させる支柱になるものを探り、その発展が進み、視点が高まり新しい地平線が見えてくると同時に内容が多彩になればなるほど望ましいという考え方を提唱したいのである（これを発展的思想と名付ける）。（林 二〇〇一b）

林知己夫は西多摩市日の出町にある慶福寺（禅宗）の山深い墓地に葬られた。墓石には「林家の墓」ではなく、「倶会一処《くえいっしょ》」と彼の文字で書かれた阿弥陀経の一節が刻まれている。「ともに一つのところで会う」という意味である。

林家の本家の菩提寺は東京谷中の宗善寺（浄土真宗）にある。しかし、姉の淑子は禅宗に帰依しており、師と仰いでいた慶福寺の坂井前住職との縁で、同寺に墓所を設けた。淑子は生涯独身であったために、知己夫がそれを引き継いだのだ。この変わった墓地の墓誌には次兄の名前も記されている。

毎年、八月の初めに、林の愛弟子たちが、ともにこの山深い墓地で会い、墓前で写真を撮り、暫時沈黙の時を過ごす。それから、近くの「黒茶屋」という料亭で、在りし日の林知己夫の思い出に浸る。

彼はこれらの光景を傍で見ているのだろうか。いつものように、磊落な調子で穏やかに、「おい、おい、そこはだね。こういう風にするんだよ。しっかりやれ」と励ます姿が彷彿する。

「わが魂の燃え尽きざるごとく、君達もまた同じ道を歩み励め」

林知己夫の魂が、弟子たちの耳にかく囁くのを誰もが耳を澄ませて聴いている。真夏の太陽をさえぎり、蝉の声だけが遠く聞こえてくる静謐の場で、食事をしながら暫しの時を過ごす習慣がいつの間にか出来上がった。

そこで、各人各様に現在抱えている大きな問題を語り合い、議論し、共有しながら、再び姦しい蝉の声を背にして、三々五々、自分の場所へと散ってゆく。

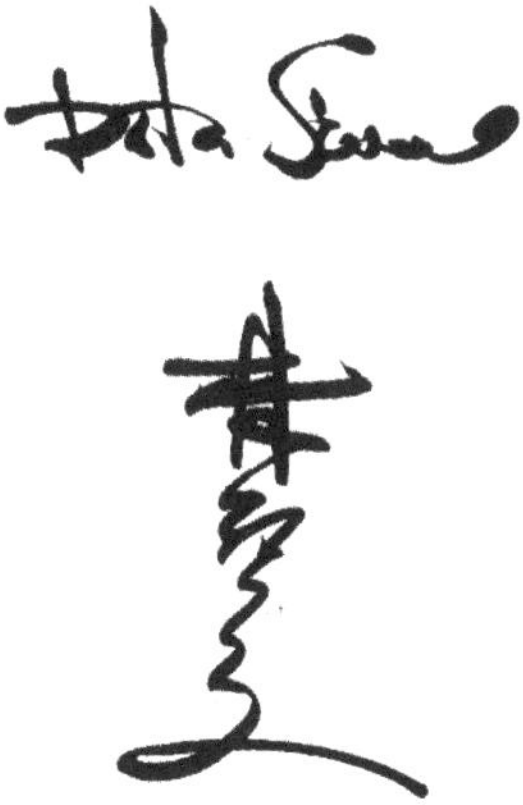

図 10-1　『Student』誌に掲載された論文の最後のページに、林が書いた論文題名と日本語のサイン

おわりに

統計学者が偉大な存在として世界に飛翔できるようになるための試金石は、何らかの社会調査によって得られた膨大なデータを見極めることのできる透徹した洞察力、それを支える理念や哲学の明瞭さにある。

それ故、林知己夫は『データの科学』で、安易にデータをコンピュータで処理するだけでは本質的な部分において齟齬をきたすことを縷々述べた。彼はデータの本質を見抜くための眼力や感性を練磨し、データのなかに潜んでいる現象を把握することに専念した世界的な統計数理学者である。このようなセンスはどのように培われてきたのかを、その成育歴やその時代に生きたものとして動乱の社会に立ち向かう時のその姿勢をたどることで、さらに、彼のデータに対する思想を知ることで明らかにしてきた。林は統計数理研究所でその半生を過ごし、大きな責任と忍耐力を要する仕事を持ち前の楽観的な気質によって処理し、多くの若い研究者を刺激し育ててきた。林に私淑した多くの研究者、マーケティング関係従事者、ジャーナリスト等々は、彼の持つ何らかのオーラに引き寄せられ、多くの社会的貢献をなしえた。

複雑なデータを前にして、真摯に悩み苦しみ、頭の中が燃えるような体験をして真実に到達する喜びに浸ることができた者はそうめったにいるものではないだろう。彼自身がそうであったように、門下生はすべてこのような洗礼を受けて育った。

彼は膨大なデータを目の前にして、「これで楽しみができた、データを見るのは何よりも楽しい」と手もみしながら、大きな紙に羅列されている判じ物のようなデータ表を眺め、自らの脳裏を駆けめぐるさまざまなイメージをとらえながら、そこに潜んでいる真実を摑み取るために深い思索のなかに浸ってゆくのであった。

一九五六年当時、筆者は大学の文学部で心理学を学ぶ学生であった。心理学がなぜ文学部にあるのか、疑問に思う余地すらなく犯罪心理学や異常心理学に興味を持って心理学を選んだが、そこである種の挫折を味わうことになる。なぜなら心理学の研究対象は実験主体の計量心理学や実験社会心理学が大勢を占めており、必然的に筆者もそれらを学ばざるを得なかったからである。

文学部の心理学は実験至上主義で、多くの場合、実験データの分析に専念するばかりで、今日隆盛を極めている臨床心理学はほとんど顧みられなかった。当時の筆者の心理学関係での愛読書は学会誌『計量心理学研究（Psychometrika）』であり、この学会誌はほとんど実験データの処理法やモデル構成で埋め尽くされていた。しかし、このような難解な学会誌を読んで理解するには相当の数学的、統計的知識を必要とする。母校の心理学の教授は筆者の質問に答えることができず、自分が最も尊敬する統計数理研究所の林知己夫先生のところで勉強するように助言した。指導教授はそのとき大学院の学生であった筆者に、かつて自分が学んだ「線形代数学」の本を一冊持たせて、文部省統計数理研究所の第二部研究部長であった林知己夫先生のところへ里子に出したのである。

筆者は先生の御指導を仰ぐために、広尾の駅を降り、有栖川公園を横に見ながら長い坂道を登って、赤レンガの古びた今にも崩壊するような建物の前に立った。当時（一九六五年）、このような建物は統計数理研究所だけではなく、どこにでもあった――戦後のバラックを見たことのない人たちにとっては極めてなじみの薄いものだろうが。コンピュータはまだ開発されていない時代で、データを扱う研究者の計算の道具は手動計算機、そろばん、計算尺、数表などといったものであり、それらを駆使して、因子分析や重相関係数を算出していたのである。一因子、一係数を算出しただけで大きな仕事をしたほどの労力を費やし、偉大な研究を成し遂げたような充足感に満たされたものだ。今日のようにパソコンに膨大なデータを読み込ませ、単純な操作をしただけで、結果が次々と出てくるというものではなかった。

林先生の研究室は薄暗い細長い廊下のはずれにあった。筆者が文学部の学生であるからというわけではないだろうが、初めて先生と交わした会話はフランスの知性ポール・ヴァレリーや詩人ステファヌ・マラルメについてであった。まさか、統計数理研究所で文学論を戦わすなど思いもよらなかった筆者は、以後先生に会うことがそれだけでも大変な楽しみになった。当時の心理学は実証主義に徹していたから、文学や哲学を頭から否定し、研究室のなかで文学を語るなど思いもよらなかったのである。先生との文学にまつわるこの種の会話が、データの科学の基底を知るうえで重要な手掛かりを与えるものだということは、後で知ることになる。

また先生は昼休みの間、机の下に隠してあった木箱からフルートを取り出して、マラルメの詩に象徴派の作曲家ドビュッシーが曲をつけた「牧神の午後への前奏曲」をしばしば吹奏していた。クラシック音楽は先生の生涯愛好された趣味であり、吹奏楽器を特に好まれた。筆者が初めに接した楽器はフルートであったが、のちにフレンチホルンへと移行された。

ところで、ヴァレリーは知性の人であると同時に感性の人であった。この両面がうまく融合するところに『ヴァリエテ』の本質が理解される。いかなる場合においても人間のなすべき行動や思念にはその人間の持っている「心」が反映している。つまり、人間の行動を知るための意識調査データや実験データは「モノ」ではなく「ヒト」の行動の結果である以上、そのデータには確実に「心」が存在している。その心を読み、心の欲しているさまざまな願望や切望を読み取ることが、データを解析するうえでは特に重要である。このような考えを持つ統計数理学者や数学者は、当時はほとんど見当たらなかった。「心」なる概念も何を意味しているのかさえ知るところではなかった。

仮説演繹型の操作主義に徹している以上、データのなかに存在している切実な人間の叫びを帰納的に捉えることは不可能に近く、思いつくことさえできなかった。徹底して帰納主義を採る林先生のデータに寄せる熱烈な愛着がヴァレリーからきていることを知る人は案外に少ない。

さて、筆者は数学の初めから勉強しなければ、概念だけを曖昧に把握しても、実際には数理構造を理解することができない。そこで、統計数理研究所の統計技術員養成所の専攻科に入学して、徹底的に統計数理の何たるかを学ぶ必要に迫られた。数学の家庭教師を雇い、養成所の専攻科に通った。当時、筆者は林先生以外に「多変量解析」を松下嘉米男先生、「行列および行列式」を早川毅先生、「確率論」を鈴木雪夫先生、「主観確率」を藤本熙《ひろし》先生に、統計数理研究所で教わった。ほとんどが、統計学というより純粋数学であった。統計数理研究所に行っても私は授業が終わると質問するためにその先生方の研究室へと廊下を走り回っていた。

驚いたことに、藤本先生の研究室に入ると、目の前にギリシャ神話に登場するような大きな石膏のデッサン像が置いてあり、その陰から藤本先生が顔を覗かせた。筆者は驚愕して、今度は美術の話になるのかと案じた。そこで、何を話したのかは覚えていない。「主観確率」の話でないことは確かであった。統計数理学者というのは、さまざまな趣味を持っており、多様な趣味を通して難しい数理を解明してゆくものなのだと察した。

専攻科の受講生は七〇名近くいたが、試験に合格したのは三名であった。この専攻科はそれ以後廃止され、一般向けの統計技術員養成所だけで運営され、試験も行なわれなかった。その後、一九八五年に国立共同試用機関へと改組転換され、総合研究大学院大学となった。

その後、筆者は青山学院大学文学部の助手になった。当時（一九六九年）大学は学生運動に翻弄され、研究室は荒らされ、実験は不可能になり、授業は行なわれず、大学は封鎖された。筆者は、統計数理研究所に逃げ込み、林先生の研究室（その時はすでに古い建物は取り壊され、研究所らしい体裁が施され、先生の研究室も広くなっていた）で、先生の机の横に大きな机を運んでもらって、そこで勉強することになった。今では考えられない奔放な行動であったが、先生は面白がって自由にさせてくれた。

先生と同じ部屋で机を並べながら、朝晩の儀礼的な挨拶以外には無駄口はほとんどなく、一日朝と帰りの挨拶だけの日も多々あった。偶々、帰りが一緒になると、広尾の駅までの坂道を統計学の話に終始し、それ以外の話はまったくなかった。後から知ったことであるが、先生の師匠の掛谷先生や末綱先生も、林先生が若くして統計数理研究所に入所した時に、帰りの坂道で確率論の話や代数学の話をされ、そこで要になるアイデアを学んだという。林先生は自分が恩師からそのような教育を受けたように、弟子の筆者にも同じようにしたのだと、後になって知った。しかも、掛谷先生は文献をあまり読むな、独創的な考えをもてと林先生に厳命し、文献を読むことをよしとしなかった。同じように林先生も筆者に対して、文献をあまり読むなと言った。ただ、ひたすら頭の中が燃えるように熱くなるまで考えて、何か独創的なアイデアを生み出すための勉強だけをすることを強調した。

当時多くの人たちは、カフェイン中毒のようにコーヒーや紅茶を飲んでいたが、林先生はコーヒーを一切口にせず、日本茶しか飲まなかった。健康に対する拘りは強く、どういうわけか、先生のお昼の食事はリンゴ以外の果物だけであった（リンゴは嫌いらしかった）。筆者は食欲旺盛であったからお昼は大盛りの焼きそばを頼んでいた。それをわざと美味しそうに先生に見せびらかして食べた。ある日、ついに先生はたまりかねて、「そんなにおいしいのか。自分にもひとつ頼んでくれ」と言う。筆者は喜んで大盛りの焼きそばを頼んだ。先生は飢えた狼のように夢中で焼きそばを食べ、傍で筆者は素知らぬふりをしながら、内心ではほくそ笑んでいたのである。しかし、翌日は相変わらず果物だけの昼食で、その姿勢は一貫して変わることがなかった。

一九七〇年九月、林先生が最も崇拝するヘブライ大学のルイ・ガットマン夫妻が、学術振興会、統計数理研究所の招聘で、日本に滞在することになった。

ガットマンについては林先生からさんざん聞かされ、そのさまざまな業績は林先生の意図する現象解析と相性が良く、筆者は林知己夫、即、ガットマンとさえ思い込んでいた節がある。

そのガットマンが日本にやってくるというのだから、筆者は勢いづいた。たまたま、ガットマンのもとで勉学に励んで帰国し、当時、国立音楽大学で教育学の教授をしていた森孝子氏に手伝ってもらい、ガットマン夫妻の滞在スケジュールなどを調べて、できるだけ日本風の、外国人が喜ぶようなホテルの部屋を予約した。しかし、ガットマン夫妻は日本風の部屋が気に入らなかった。彼らはユダヤ人であり、熱心なユダヤ教徒である。当時の日本社会は外国人の宗教に照らして、部屋を用意するなど考えてもいなかった。日本に来る以上、日本文化を咀嚼して帰国してもらいたいと考えていた。しかし、ユダヤ教徒は頑固であった。決して、他国の文化風土に慣れ親しむような好奇

図　ガットマン夫妻との家族写真（1970年）　前列右よりガットマン、ガットマン夫人、玲子。後列左より林知己夫、佐知夫、由己和

心をもたず、寛容性や妥協を知らなかった。彼らはあくまでもユダヤ教徒であったのだ。当時、民間のホテルでは、そのような事情に疎く、食事の手配にも宗教色を考慮するなどの配慮が比較的薄かった。結局、ガットマン夫妻はホテルを出て、狸穴《まみあな》の国際文化会館に宿泊することになった。彼らは、日本に滞在中に林家に招待されて家族ともども親しく交流の時を持った。如何に接待慣れしているとはいえ随分林夫人は苦労されたことと思う。

　ユダヤ人の気質を良くも悪くもすべて担っているかのように見えるガットマンの種々の独創的思考や感性と、林先生の独創性とそれを生み出す感性は似通っていた。林先生はそのことを総称して相性が良いと表現されたのだ。

　ある時、私はカルナップの『物理学の哲学的基礎』という本を一冊だけ携えて、山にこもり、論文を書いたことがある。先生に提示した私の論文は一行読んだだけで、罵倒された。もう一度顔を洗って出直せという。この書物は公理論から成り立っている極めて緻密な数学的理論をベースに組み立てられた哲学書なのだが、そのような公理論で、現象解析ができる筈もない。理屈だけでは到底人間の内なる心を解析することは不可能である。時として、数学に魅せられた人間が陥る理路整然とした数学的構造に、私も嵌っていたのだろう。先日、屋根裏部屋を整理していたら、その論文が出てきた。先生の赤ペンによる横殴りの字で、真っ赤になったその原稿を見て、筆者は懐かしく思うと同時に、みずからを恥じた。林先生のもとで、これほど多くの時間を費やして学びながら、なお、それとは全く正反対の数理構造に魅了されたことへの自責の念である。その後、筆者はランク・オーダーによる次元尺度に没頭して、スカラー積和法という方法を編み出した。それは、『心理学研究』の「対人関係における三人関係と二人関係の構造の比較」(二〇〇七)という論文に纏められている。当時、三色配色や三人関係、三相因子分析など三体問題の解明に汗を流していたころのことである。

話は横道にそれたが、何らかの手法を編み出してゆく場合にはかならず類似の手法が作られる。そこに流れている懸命な思索の余韻、うまくまとまらないデータを試行錯誤した上にやっと到達した微かな光、その光を頼りに、さらにデータとの格闘の末に、やっと生み出された技法は、それだけで、先生の感性に鳴り響くのだった。まさに、相性が良いとかウマが合うというのは、このようなことを言うのである。林先生は理路整然と並ぶ数理構造の世界とウマが合わないのだった。

科学というのは論理に基づくものではあるが、その論理を作るのは人間である。ヒトは彼らを科学者という。科学者という人間は形式論理を超えた論理で考えや直感や情緒をも含めて研究し、科学的論理が形成される。この意味において科学とそれを作る科学者は常に形式論理でのみ生きているとは限らない。このような科学的思考について多くのことを学び相性の良い科学者同士が一丸となって相互の知恵を結集させることで人類の発展に貢献できるのだということを、先生は仔細に語られた。しかも科学にはイデオロギーを持ち込んではならない。たとえ異なる立場をとる科学者であっても、彼らの科学思想が秀逸なものであれば素直にそれを認めるべきだと言われた。

さらに、先生は時間厳守であり、一分でも遅刻するとそれだけ科学の進歩に追い付けなくなると私を脅した。原稿は締切り日の前日にすでに完成していなければならなかった。先生は速読、速筆で厳格なまでに文章に拘りがあった。ある意味で出版社泣かせかもしれない。本が出来上がっても初版の本には赤ペンで相当の書き込みがなされ、すぐにも改訂版が出せるようになっていた。

ガットマン夫妻が帰国する時に羽田まで送り届ける役目を担った私は、林先生にも一緒に見送りにゆこうと言ったが、先生は出迎え、見送りは一切しないのだという。別れの挨拶は既に済ませているのだから、あえて見送りにゆく必要はないという。ガットマン夫妻を見送って、林先生の研究室に戻ると、先生はなぜか感傷的な様子で、椅子にもたれて瞑目し、ガットマンとの一カ月半の生活の余韻に浸っているかのようであった。私はその場の雰囲気を壊すに忍びず、静かに研究室を出た。重い役目を成就した解放感に浸りながら、夕暮れに行き交う雲の流れを見つめながら、統計数理研究所の坂を下って行った。

すでに述べたが（第七章4）、その当時、東大の教育心理学研究室では、柳井晴夫氏（当時、大学院博士課程の学生であった）が中心になって「多変量解析シンポジウム」を開催していた。参加者はイリノイ大学のクロンバック教授のところで学んで颯爽と帰国したばかりの池田央先生、安田三郎先生（数理社会学）、大学院の学生であった高根芳雄（現マックギル大学名誉教授）、猪口孝（現新潟大学学長）などの少人数で、東大の学士会館分室で勉強していた。柳井晴夫氏はこのシンポジウムを何とか学会にしたい、ついては、林知己夫先生を理事長にしたいから、何とか先生を口説いてくれないかと相談を持ちかけてきた。先生は若い研究者がかくも熱心に研究に取り組んでいることを快く思われたが、常々そうであるように、先生はある種の実験をされた。それは柳井晴夫氏と筆者の精神構造の強さである。はたして学会を作り運営し発展させてゆく強い精神の持ち主であるか否かを試したのである。最初依頼した時には、先生は承諾しなかった。柳井晴夫氏は衝撃を受けたが、筆者はひるまなかった。友人たちは「流産ですか?」と言って面白がった。「また、産んでみせる」と筆者は豪語した。そして、粘った。ついに先生はその粘りに押されて、若い人たちがかくも強く願っていることだから承諾しようと、当時東大の教育心理学研究室の主任教授であった肥田野直教授に申し入れた。このようにして、当初の「多変量解析シンポジウム」は「行動計量学シンポジウム」となり、「行動計量学会」となった。初代理事長には林知己夫先生が決まった。一九七三年のことである。

時として回顧録に役立つのは手紙の類である。学会も安定期に入り、何とか一息ついたころ、私は外務省の国際交流基金長期派遣留学生としてアメリカのイリノイ大学に留学することになった。当初、ホームシックになって先生に泣き言を書き綴った。そのときの先生の返書が極めてユニークなので、ここに記す。


〔…〕「元気を出せ」という事に尽きます。少し慣れれば、霧が一気に晴れて、楽しくなります。受け合います。京都での行動計量学会大会は盛会でした。若造が多く、いかがわしいことをやっていますが、傾向として良い方向です。指導者欠如と感じます。先生（勉強不足）に指導力がかけているのです。〔…〕ホームシックなんてケチなことを考えず、今を十分に楽しむことです。「気の持ちよう」、心理学をやっていて、ワカランカ？〔…〕

晩年というのはその人の人生の終末期に当たるだろう。だが、林先生には晩年という時期はなかった。あえていえば、二〇〇一年九月一四日、突然の入院で基調講演をキャンセルした時からが晩年だろうか。

先生が入院するきっかけは、九月一一日に勃発したアメリカ貿易センターへのアラブ人テロリストがハイジャック機で乗客とともに巨大な建物に突っ込んでゆく、その光景を見ていた時に、その的中率の見事さに興奮して心臓に負担がかかったことだった。しかし、それは一時的なものだと誰もが思っていた。確かに先生はこの有様を一晩中テレビで見ていた。若き日に敵をめがけて弾を打ち込む、その的中率を計算していたころの技術に比べて数段に優れたその見事さに圧倒されたのではないのか。その時から先生は病気と闘うことになったがすぐに復帰して、次々と講演会を開いた。これまで集大成にこぎつけた日本人論を桜庭雅人氏と共著で、誰にでもわかるように一冊の本にしようと尽力した。だが、病魔が襲いかかり、ついに集中治療室に運ばれた。それでも、平然と本の校正に集中していたが、三回目の入院でついに力尽きた。「知の巨人」は、真夏の盛り、八四歳の人生に幕を閉じた。多臓器不全であった。

一つの肉体がその優れた頭脳とともに葬り去られた。もはやこの個性は二度とわれわれの前に現われることはない。林知己夫という特異な個性をそっくり持った人類があらわれるとしたら、それは気の遠くなるような年数を要した後に、特別なはからいで与えられる、ある種の必然の賜物によってであろう。もはや、われわれにはその恩恵は与えられない。吹きすぎる風とともに消えゆく、野原に咲くたんぽぽの綿毛のように、遠い遥かな彼方に消え去る「魂」の一かけらを茫々と見つめるだけである。

今、改めて林知己夫先生の研究の足跡をたどって、その膨大な論文の量はもとより、広範囲な分野に手を伸ばして、数量化理論を浸透させ、その場その場で人々との交流を深めてゆくその気迫に満ちた態度には畏敬の念を覚えずにはいられない。

これまで先生と交わった方々、多くの研究者や業界の人々の名を逐次書き出していたらきりがない。この場を借りて深く御礼申し上げる。

先生は当初データサイエンスを「データの科学」と日本語で言っていたが、次第に「データサイエンス」という名称を使って論文を書くようになった。「データサイエンス」という名称は随分古くから使われていたようであるが、現代社会に氾濫するデータへの問題意識とはまた別の次元の話のようである。しかし、データサイエンスの基本にじっくりと腰を据えて取り組まなければあとで取り返しのつかないことになると危惧したため、あえて本書では、「データサイエンス」という言葉を使用した。それは、データとは何かを知りデータを科学するという文字どおりの意味であり、「データの論理」を構成することへとつながってゆくものであることを知っていただきたいためである。

なお、二〇〇八年に大隅昇氏、森本栄一氏の御尽力と日本マーケティング・リサーチ協会のご厚意により、「林知己夫著作ライブラリー」が開設された。林知己夫先生の全生涯を網羅するさまざまな研究業績を示すライブラリーをぜひ訪れて、それぞれの分野に活用して頂ければ幸甚である。

本書を上梓するに当たり多くの方々の協力を頂いた。

特に、行動計量学会の仲間たちのさまざまな助言に感謝する。貴重な写真などを提供してくれた真鍋一史氏（青山学院大学教授）、佐藤創氏（専修大学名誉教授）、多忙な時間を割いて、筆者を励ましてくれた進士圭子氏（(財) 知恵の継承研究所代表理事）に感謝する。また、超多忙を顧みずに本書に特別寄稿を寄せられた木下冨雄先生（京都大学名誉教授）に深謝する。

最後に、本書の内容に関しては、すべて筆者の責任であることを申し述べておく。

若き日に行動計量学会を盛り立てるために苦楽を共にして奔走した盟友柳井晴夫氏が二〇一四年十二月の暮れに逝去された。本書の上梓を強く勧めてくれた柳井氏の御魂に心やすかれと祈る。

二〇一五年三月

丸山久美子

特別寄稿

林知己夫先生の思い出

木下冨雄（(公財) 国際高等研究所フェロー・京都大学名誉教授）

1 はじめに

林知己夫先生があの世に召されてから今年で十四年になる。だが先生のエネルギッシュな思考と行動の数々は、今でも私たちの心に深く刻み込まれて離れない。その思い出を愛弟子の一人である丸山久美子さんがこのほど本に纏められることになった。嬉しいことである。天国におられる先生もさぞ喜んでおられることだろう。

私は丸山さんに依頼されて本の末尾に寄稿することになった。このあと私の思い出を語らせて頂くが、先生の全貌を別の側面から深めることが出来ればと思っている。丸山さんの書かれた内容と喰い違ったり、一部重複するところもあると思うが、同じエピソードでも書き手が違えば見方も異なるということでご容赦賜ればば幸いである。

2　林先生との出会いと交友録

林先生と初めてお会いしたのが何時なのかは判然としない。ただ一九五八年に第二回「日本人の国民性調査」が実施されるにあたって私も先生から協力を依頼され、西日本各地の大学を歴訪し、そこで学生調査員に対する面接調査のインストラクションをしたことを覚えている。私がまだ京大で助手をしていた頃である。また同じ頃、林先生と池内一先生（東大・新聞研）、それに京極純一先生（東大・政治学）のリーダーシップの下に政治意識や政治行動の研究会が行なわれ私も参加していたから、ひょっとするとそちらで先にお目にかかっていたのかも知れない。

だが先生と密接にお付き合いするようになったのは、その後、私が三宅一郎氏（京大・政治学）や間場寿一氏（同志社大・社会学）と投票行動の調査を実施し、その結果を報告し始めた頃からである。最初のレポートは京大の法学論叢という雑誌や政治学会の機関誌に十数回連載し、それを元に『異なるレベルの選挙における投票行動の研究』という本を出版した（三宅・木下・間場 1967）。

この本ではデータの分析ツールとして、林先生の数量化理論を大量に使わせて頂いた。その数は数十本を超えるだろう。私たちは当時間違いなく、数量化理論のヘビーユーザーだったのである。そして理論の適用にあたっては林先生から懇切丁寧なご指導を受けたばかりでなく、出版後に、池内先生、京極先生を含めた三人の先生方から過分な推薦の言葉まで頂いた。光栄至極と言うほかはない。

なお数量化理論の計算にあたって当時はまだ市販のソフトがなく、ＩＢＭに依頼してソフトを開発して貰った。最初に話を持ち込んだ時ＩＢＭは半信半疑で、こんなソフトを開発して元が取れるのかと及び腰であった。私たちがこの理論の学問的有用性を力説し、ユーザーも紹介するという約束で引き受けて貰ったことが懐かしい。したがって初期のＩＢＭの数量化理論ソフトのマニュアルには、適用数値例として私たちの投票行動のデータがそのまま記載されていた。

これ以来、先生との交流は公私ともに急速に拡大するが、その多くはアカデミックなレベルのそれであるので詳細は次節に譲りたい。そこでこの節の最後として突然話は飛ぶが、先生とのお別れに結びつくエピソードを述べておくことにする。

それは二〇〇一年の九月のことである。当時私は京大を退官して甲子園大学の学長をしていた。そしてこの年、日本行動計量学会の第二九回大会開催準備委員長を依頼されていた。大会の目玉として企画したのが林先生の講演である。ところが先生のご講演予定日の九月十五日の朝、ご家族から電話を頂いた。それは先生が急に発病され出席できなくなったという連絡である。驚いて詳しく話を伺うと次のようなことであった。

九月十一日、先生がテレビをご覧になっていたらアメリカのニューヨークで大事件が発生した。例のアラブのテロリストによる、世界貿易センタービルへの民間旅客機突入事件である。この光景をご覧になった林先生は、「この手法は昔自分が軍から命じられて研究していた特攻隊の航法と同じだ」と言われ、非常に興奮された様子だったという。先生はもちろんテロリストに与するわけでは全くなく、ただ単に高度の数学的関心から興味を持たれたに過ぎなかったのだが、結果としてこの事件が先生の健康を害する発端となってしまった。

プログラムに大きな穴が空いたことで対応に苦慮したが、とっさの判断で理事の先生方と相談し、統計的手法の開発に関心を持たれる研究者と、現象の解析に悩んでおられる研究者の個別相談会を開催した。かつて私は前者の立場に立つ方を「メーカー」に、後者の立場に立つ方を「ユーザー」に例え、両者が構成する「マーケット」の必要性を説いたことがあったが（木下 1992, 2011）、この相談会はその初めての実践例と言えようか。幸いにして相談会は好評で、何とか穴埋めができたことを感謝している。

この数年後、私は行動計量学会から林知己夫賞（功績賞）を頂いた。これも過分のご褒美であるが、林先生との深い因縁を感じること頻りである。

3　学問的な関わり

林先生との学問的な関わりは、先に述べた数量化理論とのそれが一番大きい。投票行動の研究に用いたのが最初であったが、その後、流言の伝達行動、パニック行動、自殺行動、科学技術リスクの受容の判別など、さまざまな事象の分析に使わせて頂いた。またそのなかで、数量化理論の使い勝手に対する周辺のユーザー側からの疑問や注文も増え、そのことを先に述べた『行動計量学』誌で指摘させて頂いた。なお数量化理論は林先生の没後、研究者間で使用頻度が減少している印象を持つが、私自身はまだまだ有用なツールだと思っている。

林先生との関わりで、数量化理論に次いで大きいのは「日本人の国民性研究」を中心とする社会調査の方法論である。その第二回調査で私が実査を担当したことは前に述べたが、その問題とは別に重要なのは質問項目の比較の仕方であろう。この点に関して林先生は「考え方の筋道」という言葉をよく使われた。これは項目の分布を単純に比べたり、いきなり統計的解析をするのではなく、じっくり項目間クロス集計を眺めて内部構造をイメージする手法とでも言えようか（林 1982）。林先生はクロス集計をあれこれ縦横に見つめていると、そこからぼんやりと構造が浮かんでくると言われる。釣りに関して、「ヘラブナ釣りに始まってヘラブナ釣りに終わる」という表現があるが、それをもじっていえば、「調査はクロス集計に始まってクロス集計に終わる」という表現になろうか。このことを先生はしきりに力説され、私自身もその正しさを実感している。

そのなかでも特に印象的なのは、先生が二波のパネル調査を比較されたデータである（林 1967）。対象とした事象は憲法改正是非であり、四段階評定尺度で個人の態度が求められた。六ヶ月の間隔を置いた二波の評定尺度上の単純集計を見るとほとんど変化はなく、さすがにこのような基本的イデオロギーは安定しているように思われた。ところが二波の数値をクロス集計してみると、周辺度数は当然ながら極めて類似しているのだが、対角行列にくる値が低く、その一致率はなんと五〇％を切るのである。つまり輿論が安定しているというのは「集団」としてのそれであり、「個人」としての態度は非常に不安定だということであろうか。典型的なミクロ・マクロ問題なのである。

この現象はクロス集計をしてみて初めて見えてくる世界なのであるが、それは個人内分散、回答誤差、調査員バイアスという視点で片付けるにはあまりにももったいないわけで、私自身はむしろ態度の時空間的な「ゆらぎ」、ないし「動的平衡」として捉えるべきではないかと思っている。この問題はこれまで輿論や態度の分野でもあまり議論されたことがない視点であり、その理論や測定技法も含め、先生から頂いた大きな宿題というべきであろうか。

林先生とはこれ以外にも、質問項目の「風化」の問題についてよく議論をした。国民性調査の最大の利点はその長期的継続性にあるが、それと裏腹にある欠点として、質問項目が時代とともに古びてしまうことがある。その場合の対応の仕方として、内容は変えないが形式を時代に合わせた質問項目に変えて行くやり方と、形式も含めてあくまで当初の項目を貫くやり方がある。前者は言葉を換えると「機能的等価性」を求める手法であり、後者は「現象的等価性」を求める立場と言えよう。このどちらが良いかは議論の分かれるところであり、アメリカでもミシガン大学系列の研究者と、スタンフォード大学系列の研究者で意見が異なる。今ここでその議論をするつもりはないが、今でも林先生とのホットな議論が懐かしい。

またこの国民性調査はその継続途上で何回か危機的状況にぶつかった。調査の手法は当初、統計数理研究所（統数研）の直接指導の下に全国各地の大学を拠点とし、研究者を派遣するというやり方であった。しかしこの手法は人的・管理的コストが大変で維持するのが困難となり、第八回から民間調査会社に委託することになった。ところがその年から回収率がそれまでの調査に比べて一〇％程度低下し、現在に至るまでその値は回復していない。一〇％という値をどう見るかであるが、その影響が標本抽出法の違いによるものなのか（層化の基準が第八回以前と以後とで少し異なっている）、調査員の質の違いによるものか、それ以外の隠れた要因に基づくものなのか、原因はまだ判然としない。

国民性調査の危機は統数研内部にも存在した。統数研のスタッフのなかから国民性調査は中止しようという意見が出てきたのである。そして私はたまたま当時、統数研の運営協議会委員であった。その議題が出てきた時、私は驚いて、この調査がいかに重要であり、このような長期継続調査は世界にも前例がなく、その意味でこの調査は「世界の宝」であると力説した。この私の意見にどれほど効果があったのか知らないが、結果として現在も継続中である。これからもこの「世界の宝」を守りたいと思う。

学問的な関わりで思い出すのは、国際比較研究の方法論である。この点に関してこれまでの研究の多くは、たまたま自分が留学した相手先の研究者や、学会で知り合った研究者とジョイントして、相互の母国間を比較することであった。それが一概に悪いとは言わないが、このようなお手軽な手法で文化比較が本当に可能かと言われればＮＯと言わざるを得ない。例えば国際比較研究のなかには対象国として対米比較や対中比較が多いが、これらの国は広大かつ多様であり、その国内分散は日本との国間分散を間違いなく上回るだろう。そして仮に両国間に差があるとしても、それが文化のいかなる側面の表出であるかが分からない。これでは文化比較でなく単なる地域差比較であるとしか言えないのではないか。

林先生が提出された「文化連続体」という概念は、この問いに答えるものであった（林 1982）。いわゆる「連鎖的調査計画」はその代表例であり、日米の比較を「日本生まれの日本人」「ハワイの日系人」「ハワイ生まれの非日系人」「本土生まれの非日系米人」「本土の米人」という、少しずつ重なり合いながら離れていく文化を繋げて考えるという意味でユニークである。私が後になって言い出した文化の「因数分解」とか、文化の「三点比較」という発想はこの林先生のアイディアに触発されたものである（木下 1998）。

4　データサイエンスをめぐって

林先生について語る時、もっとも大きなウエイトを占めるのは「データサイエンス」という考え方であると思う。丸山さんもこの点に関して同じ立場を主張されており、その点、私も同感である。ただこの言葉の出自が、「データサイエンス」か「データの科学」かといった細かな話は私にはどうでも良い。また数理統計か統計数理かという争いもどうでも良い。私がこの言葉に感じるのは、研究者（ことに実証科学を志すもの）が対象に向き合って学問的にチャレンジする時、そこで必要とされる基本的な「作法」は何かということなのである。ここでいう作法とは科学的認識論、科学的方法論と言い換えても良い。

林先生の考え方に私見も交えて述べると、それはまず研究対象とする現象の詳細で精密な観察・吟味という、対象の全体構造についての大まかなイメージを作り上げる作業から始まる。これは知的なものであると同時に、好奇心、感受性、認識の解像力といった広義の人格要素によって支えられている。次いでそのなかから直接の研究対象とする部分を切り取る。その部分と全体構造との相対的関係を意識しながらシステムの変動要因を推定し、作業仮説を考えモデル化し、それを実証する最適の手法を選定する。この選定は対象との相性によって決まるわけで、研究者の趣味で決めることは許されない。だが冒険とかチャレンジング精神は歓迎される。

次にこの手法によって得られたデータを分析することになるが、その分析法は多種多様で、そのなかからデータの性質をもっとも良く表現できる分析法を選ぶ必要がある。最新の分析法や精緻な分析法が、常に最適の分析法とは限らないからである。分析が終わればそれを論文にする必要があるが、そこで論理の整合性や仮説の正しさが改めて検討されることになる。モデルの修正もここで行なわれる。またそこでは文章の正確さ、簡明さが問われることになり、それと関係してタイトルの魅力度や章・節の立て方といった表現力も問題となる。

データサイエンスはこのように、研究の当初から完了に至るまでのすべての過程を最適制御する「作法」といえよう。データサイエンスというととかく分析技術の精緻さや厳密さに目を奪われることが多いが、実はそれは研究の「下流」の話であって、その前にはかならず「上流」が必要なのである。

ここまでの過程を輿論調査の世界に当てはめてリライトすれば、まず対象とする社会現象の選定に始まって、その現象の認識の仕方を支配している心理的・社会的要因について仮説的な構造をイメージする。それをラフにモデル化する。次いで対象とする現象への態度を測定するために、母集団、サンプリング、調査手法を決定し、質問紙の作成を行なう。この部分は簡単なようだが実は極めて大切で、ここをゆるがせにすれば調査の質は一挙に低下する。ここでデータが得られたら、それをデータの性質に照らしてもっとも適切な手法で解析する。それを元に仮説検証を行ない、併せて深い考察をする。既存論文との整合性を吟味する。最後にこれを理解されやすい形でペーパーにする。

口でいえば簡単だが、その中身には雄大な洞察力、システムの理解力、緻密な論理構成力(それに学問的サービス精神も)などがぎっしり詰まっているのである。

5　データサイエンスとお料理

以上に述べた一連の過程は、面白いことに、「料理」の作り方と酷似しているのではないかと思う。例えばシェフが料理を作ろうとする時最初に考えるのは、無限にある食材のなかからもっとも質が高く旬で「おいしい」ものを選ぶことである。その段階で既に作られる料理のイメージが存在する。ここはシェフの感性や見識や独創性に関わる過程であり、彼らの目利きの良さが料理の質を決定する。その意味でここばかりは他人に任せることができない。このシェフの思考様式は、研究者の問題設定の仕方と同じではないか。

食材が選ばれればそれを調理することになるが、調理の手法も煮る、焼く、揚げると千差万別である。そのなかから食材の性質を一番良く引き出すことのできる最適の調理法を選択しなければならない。食材の種類に構わず何でも煮てしまう人、何でも天ぷらにしてしまう人は一流のシェフとは言えないだろう。求められるのは伝統的な手法と最新の手法をともに熟知し、かつ対象に応じて使い分けるフレキシブルさとでも言えようか。この包丁の冴えの必要性も研究者と同じである。

調理が終われば盛りつけをしなければならない。そこには統一性と美しさが必要である。一皿にあらゆる料理を雑多にてんこ盛りするのは失格であろう。いかに良い調理でも、それを食べる気にさせないような盛りつけではシェフとして二流なのである。これも研究論文のプレゼンテーションの仕方と同じと言えるのではないか。

いろいろ勝手な比喩を述べたが、「研究」の作法を「料理」のそれと置き換えると、林知己夫は数量化理論を始めとして、データサイエンスに関わる素晴らしい料理を私たちに提供してくれたのだと思う。林先生は偉大なシェフだったのである。

引用文献

林知己夫 1967「社会調査における回答誤差――それに基づく歪みをどう補正するか」『NHK放送文化研究所創立20年記念論文集』四七一―五四六頁
林知己夫 1982「考えの道筋による国際比較――社会調査によるデータ解析の立場から」 三隅二不二・木下冨雄（編著）『現代社会心理学の発展I』ナカニシヤ出版、二九一―三三九頁

木下冨雄　1992「多変量解析に対するユーザーのニーズ」『行動計量学』第一九巻一号、四〇—四八頁
木下冨雄　1998「国際比較調査の悩み」『中央調査報』第四九二号、一—四頁
木下冨雄　2011「実証科学と方法論科学のコラボレーション」 柳井晴夫（編著）『行動計量学への招待』第一巻、朝倉書店、一八二—二〇二頁
三宅一郎・木下冨雄・間場寿一　1967『異なるレベルの選挙における投票行動の研究』創文社

注

第一章

（1）開成詞華選『若き心』は、東京開成中学校の校友会雑誌に発表された多くの作品から、在学生に「昔の開成」の姿を理解してもらう一助になるものを、精選し掲載したものである。校友会雑誌は後に『開成』と改称された。明治二八年（一八九五年）六月に創刊、以来昭和一九年一月の終刊まで、全一一一号を数えた。その作品にはおのずと時代による特徴があるので、便宜上、元号に従い、「明治編」「大正編」「昭和編」の三期に分けて三巻に編集されている。林知己夫の「読書の楽み」は「昭和編」のなかに収められている。

（2）「読書の楽み」と題する作文の一部を紹介する。

秋雨の煙る日など寝転んで本を持ち上げてぶらぶらと読んでいたが手がだるくなったので本を胸の上に置き手を挙げて周囲の曇った硝子戸を見回すとそこで啄木の歌が胸に浮かぶ。やはりこのような時であったろうか。絲のような雨は八手の葉にぴしゃぴしゃと打ち付けて小さな粒となって四方に迸り出る。雨は降り続く陰々として周囲はひっそりしている静かな部屋である読書の楽みはこの静かな雨中に於いて始めて得られるものである。兎に角本を読むことは人として欠く事を得ない。我々が食物を欠くことが出来ないように本を読むにも楽みとしてこれを見なければ面白味もない。物事を楽しんで之を為さねば何の得る所がない様に一頁一頁確実に歩を発して遂に基本を読み上げて其れを終わった時の嬉さ楽さは大発見大事業の大成の嬉さ楽さとに於いて度こそ違うが同種類の嬉さ楽さである。人として糧を摂らねば死ぬ。読書においても心の糧を摂らねばならぬ。読書には二つの事があると思う。一は知識の養成であり二には心の楽みである。

（3）寺田寅彦（一八七五―一九三五）は東京帝国大学教授、東大地震研究所教授、理化学研究所所員。戦前の物理学者で随筆家、俳句、連句にも造詣が深い。東京市麹町区（現在の東京都千代田区麹町）に生まれるが、高知県士族であったことから郷里の高知県に転居し、熊本五高入学。そこで夏目漱石や物理学教師田丸卓郎に出会い、大きな影響を受け、文学と科学を志す。「天災は忘れたころにやってくる」という名文句を残したとされるが、これは弟子の中谷宇吉郎が先生である寺田の言葉として記したものである。科学と文学を結びつける学問融合の試みを行なった優れた学者として知られる。寺田の学位論文は「尺八の音響学的研究」というものである。林知己夫は寺田寅彦の初期の随筆「比較言語学における統計的研究法の可能性について」などに感動している。

（4）クロード・A・ドビュッシー（一八六二―一九一八）は十九世紀のフランス象徴主義音楽家。作品にはピアノ曲が多いが、管弦楽曲「牧神の午後への前奏曲」、交響詩「海」、その他の室内楽曲にはフルート、クラリネットなどの吹奏楽器を用いた作品が多い。オペラに「ペレアスとメリザンド」、未完のオペラに「アッシャー家の崩壊」がある。なお、一八八四年の肖像画が一九九七年にユーロ導入前の二十フラン紙幣に描かれている。

（5）リヒャルト・フォン・ミーゼス（Richalt von Mises 一八八三―一九五三）は十九世紀の元オーストリア・ハンガリー帝国の科学者、応用統計学者。第一次大戦中はオーストリア軍の操縦士、航空機設計者であった。一九一九年、ベルリンに新設された応用数学研究所に採用され、『応用数学および力学雑誌』を創刊し編集者となった。ナチ政権下でトルコに亡命、のちにアメリカへわたってハーヴァード大学教授に就任。一九四三年、ベルリンからトルコ、アメリカ行きをともにした数学者のヒルダ・ガイリンガーと結婚。ベルリンの応用数学研究所在職中に発表した "Grundlagen der Wahrscheinlichkeistrechnung" (*Mathematische Zeitschrift*, 1919) には、従来の確率論である「確率の公理を設定する」という方法とは異なった方法が提示されている。彼は十九世紀の統計学を背景に「確率とは頻度」であるという考えを定式化した。

フォン・ミーゼスの理論を要約すると「初めにコレクティフ、それから、確率」となる（von Mises, R., *Probability, Statistics and Truth*, Springer, 1928）。コレクティフとは「ランダム列」のことで、統計学で用いる乱数表のような数字のランダムな系列である。

一九三三年にコルモゴロフ（A. N. Kolmogorov ロシアの数学者）により確率の公理が提案され、数学的処理ができるようになった。そして、フォン・ミーゼスの頻度説が統計学のさまざまな分野に重要な影響を与えていることをコルモゴロフは指摘した。「私はランダム列の確率の数学的理論の応用の基礎は、既にフォン・ミーゼスによって提示された確率の頻度説に確率の基礎が置かれていることを指摘してきた」（Kolmogorov, A. N., "On the tables of random numbers", *The Indian Journal of Statistics*, 1963, pp. 369-376）。しかし、ミーゼスの確率論は主流にはならなかった。

フォン・ミーゼスは、飛行機の設計指導者となった時に翼の設計から乱流に興味を持ち、その動きに対する関心から確率論を生み出したとされる。さらに興味深いことには、彼はユダヤ人であるが、オーストリアの詩人ライナー・マリア・リルケに関する研究の世界的権威でもある。林知己夫がヴァレリーに傾倒したように、フォン・ミーゼスもまた、文学的素養に優れていたのであろう。林はフォン・ミーゼスに同じ匂いを嗅いだのだろう。フォン・ミーゼスの一般的思想背景を知るには以下の文献が最適である。Mises, R., *Positivism: a study in human understanding*, Harvard University Press, 1951.

（6）特攻隊の攻撃法と命中率については、『データの科学』（林 二〇〇一b、一一八頁）を参照。なお、『データの科学』のあとがきに、この間の事情が詳細に記述されている。参考までに記す。

〔…〕さらに戦局が悪化し、体当たりによる神風特別攻撃隊の作戦が始まると、初期の戦いを基に体当たり攻撃方法－急降下攻撃か、低空横腹攻撃かによる攻撃成功率の割り出しを行った。特攻作戦開始初期のころは、パイロットの技量が優れていたこともあり、事前確率（一様分布）に基づく弾道学の考えを用いてデータ分析を慎重に行なってみると、六〇%前後の高い命中率を示し、攻撃方法としては、船の進行方向からする急降下攻撃（相手の船腹を向けられることが少ない）が最も効果的であることが分かってきた。生死をかけた第一線ではない内地の航空本部での机の上でのデータ解析であるが、そのデータは命を賭して散華した先発の特攻隊員が与えてくれたものであるし、その解析結果は、のちに続く特攻隊員の死が目的完遂に結び付くか否かを左右する。結局、こういった個々の努力も、敗戦への大きな流れを変えようもなかったわけであるが、漫然と見れば見かけ上は単なる数字の並びにしか見ないデータが、実は人間の尊い命であがなわれていることを、そしてそれに基づいた現象分析の結果が、戦局を左右する壮絶なものであることを、身をもって知ったのである。

〔筆者注　木下富雄談――「特攻隊の体当たりの正確性を味方の飛行機と敵の艦船の相互距離、移動スピード、体当たりの角度、風速などの関連要因を考えて計算した。二〇〇一年九月一一日のイスラム過激派のテロリストの映像で、当時のことが思い出され、極度に昂奮して入院となった」〕

（7）フローレンス・ナイチンゲール（一八二〇―一九一〇）はイギリスの上流階級に生まれた女性であるが、多くの反対にもかかわらずクリミヤ戦争に看護婦として志願することを許され、野戦病院では「クリミヤの天使」といわれ、負傷した兵士たちの慰めとなった。現代でも看護士を志願する人はそのための心構えとして「ナイチンゲール誓詞」を誓う。また、ナイチンゲールは「近代看護教育の生みの親」とも言われる。近代統計学の父といわれるアドルフ・ケトレー（次注）を信奉し、数学、統計学に強い興味を示した。クリミヤ戦争での体験から現在の円グラフなどを使って報告書を提出し、ケトレーが一八六〇年に立ち上げた世界統計会議のロンドン大会に出席し、統一的な病院統計のためのモデルを提案した。統計の取り方がまずいと有効な比較分析ができないので、統計交差の形式や集計方法を標準化することを提唱した。

（8）ランバード・アドルフ・ケトレー（Lambert Adolphe Quetelet　一七九六―一八七四）はベルギーの数学者、天文学者、統計学者、社会学者。古典統計学が近代統計学に変化する狭間に活躍し、統計万能時代を築いた。ドイツの数学者ガウスを信奉し、「平均人の理論」ではガウス分布の中心を平均人とし、それが最も優れた人間であるとする考えを示した。また、人の身長に対する理想的な体重と実際の体重を比較する指数、ボディマス指数（BMI、ケトレー指数）を提案、公衆衛生学に大きな影響を与えた。

（9）ジョン・フォン・ノイマン（John von Neumann 一九〇三―一九五七）はブタペスト生まれのアメリカの数学者。幼児から英才教育を受け、ギリシャ語、ラテン語の才覚を示し、八歳で微分積分を理解した。その才は数学にとどまらず、歴史、文学はもとより物理学、経済学、心理学に及び、計算機数学で現代のコンピュータの基礎を築いた功労者とされている。数学では特にゲーム理論の成立に貢献した。さらに、オスカー・モルゲンシュテルンとともに行なったその経済学への導入は、重要な貢献とされる。戦時中には原子爆弾の開発に参加し、核爆発実験、核兵器開発に参加したことにより放射能を浴び、癌を発症。五三歳で亡くなる。

（10）アンドレイ・N・コルモゴロフ（一九〇三―一九八七）ロシアの数学者であり、確率論および位相幾何学の分野で多大な貢献をした。モスクワ大学教授。注（5）も参照。

第二章

（1）林知己夫が故掛谷宗一先生追悼号（講究録第三巻一・二号、一九四七年、統計数理研究所）に「力ある懐かしさ」と題して書いた追悼文は、若き青年学者が恩師の跡を継いで必ずその理想を実現しようとする強い決意がみなぎっている。

　印象というような冷ややかなものではない。印象が今の我において実存する状態、すなわち想起という様な失なわれた懐かしさでもない。今にしても、先生との関係においてはただ力強い靄のような雰囲気がまざまざと感ぜられてその指さされたあるもの「作らねばならぬ」という意欲、数学を自覚的に見なければならない、また見たいという意欲に掻き立てられてくるのである。〔…〕

「日本の数学は本当の世界の数学になくてはならぬものになってもらいたい」とも言われた。私には先生の指差された方向がありありと見える。未だ死なれてはいない手が私をその方向に引っ張って行って下されることを！

林知己夫は恩師掛谷宗一の遺言を成就するために独自の数量化理論を開発し、それを世界のデータ解析の基本となるべく力を尽くした。なおその魂は燃え尽きてはいない。その後を引きついで走り続ける若い魂に今もなおエールを送り続けているのである。

（2）掛谷宗一の死去にともない、東京大学理学部の教授であった末綱恕一が統計数理研究所の第二代目の所長として兼務し、統計数理研究所の基礎つくりに貢献した。林知己夫は掛谷亡き後、末綱の下で本格的にフォン・ミーゼスの確率論を学ぶ。この確率論はこの分野での先駆的業績として評価されている。末綱は日本の世界的数学者高木貞治の直弟子で、専門は解析的整数論。一九四四年に上梓した『数学と数学史』を読んだ哲学者西田幾多郎は感動して、「哲学的知識の該博と理解力に敬服した。このような頭脳で深い大きな数学を考えてもらいたい」と絶賛したという。

林知己夫はこのように優れた数学者の下で自分のなすべきことが何であるかを学び、それに向かって懸命に走り続けたのである。二人の偉大な恩師に報いるために。

（3）ドイツの数学者、天文学者であるヨハン・フリードリヒ・ガウス（一七七七—一八五五）の功績は数知れないが、ここで問題になるガウス分布とよばれる正規分布について、それがなぜ林知己夫に不快感を与えたのかを考えてみよう。この分布は中心極限定理を基礎とし、俗に、ベル型分布、正規分布と呼ばれており、測定尺度は平均0、分散1の二乗であり、統計的仮説の検定や多種の分布に数理統計学者が好んで用いる分布である。

この分布によって作られた多くの現象は知能の構造や色彩の構造にも当てはまり、概ね心理学者が好んで用いるサーストン・スケール、それを簡便化したリッカート・スケールで心理学的測定尺度の基本が構成されている。しかし、初期の心理学は人間の意識や心を測定するというよりも、物理学から学んだ実験至上主義、論理実証主義、操作主義で心理学的事象を捉えていた。科学万能主義であった二十世紀初頭において、この体制は盤石なものになった。当時の心理学者はガウス分布を正常分布と名づけ、この分布に従わなければ心理現象を説明し実証することはできないと考えていた。中心を0として分散を左右に±1、2、3と便宜的に等しい間隔に並べた尺度である。実際のデータのすべてがこの分布に当てはまるとは限らない。等間隔に並んだ尺度は等間隔尺度、または距離尺度と呼ばれる。データによってはそれぞれ誤差がつきまとい、それは限りなく大きなものになり、それを観測誤差という。ガウスははじめイギリスのグリニッチ天文台で星の数を数えるのにこの分布を用いた。しかし、必ずしも星の数はこの分布の形をなしえなかった。彼はそこで測定誤差の問題に取り組み、膨大な「観測誤差論」を展開した。後に、彼の弟子であるベルギーの天文学者ベッセルがこの観測誤差を個人差と称して個人方程式を考えた。星の数を数えるのは人間の目である。人間の目には多くの個人差があり、測定者によって異なった星の数が測定されることを発見した。心理学では次第に個人差が問題になってきたが、できるだけ個人差が出ないように中心極限定理に沿うようなデータのあてはめや変換が行なわれた。個人差を積極的に考慮するのは、二十世紀後半になってからであろう。

上記の事情は心理学の分野でのことであるが、数理統計学の分野では、ガウスを尊重したアドルフ・ケトレーが十九世紀中期の三〇年間を統計万能時代と称しさまざまな社会現象にガウス分布を利用した。本文にもあるとおり、彼の「平均人の理論」はガウス分布の中央に集まる平均的な人たちが最も理想的な人間であるとするものであり、ガウス分布にならなければそれはデータの数が足りないせいであると言い、ガウス分布になるまでデータを集めようとした。

星の数を数えるという天文学上の観測誤差の問題はギリシャ時代からの課題であり、確率論と最小二乗法の結合を取り込んで整理したガウスの観測誤差論はまさに十九世紀ドイツを中心として発展した天文学、測量学、数学の分野で密接に関連して研究された。この問題は遠くガリレオの時代にも問題とされた。この問題を定式化して観測誤差論にまとめたガウスの業績に対してガウス分布は正規分布と呼ばれるようになった。

それまで、ガウスがガリレオ以来の観測の誤差処理を継承し、誤差を処理する方法論を確立した数学者として特に名をとどめていることに敬意を表して彼の名をそのまま用いていたのだ。

しかし、すべてのデータがガウス分布になるとは限らない。その後、多くの分布が導き出され、数理統計学の範囲は広くなり、データ分析に適用できるものとばかりは言えなくなった。稀現象、伝播作用を描く分布をポリアー－エッケンベルガーの分布と当初はガウスと同様に人の名を冠していたが、これは負の二項分布のことである。飛行機の墜落現象がこの分布に沿っており、滅多に飛行機は落ちないが、一度落ちるとつづけて落ちるという分布の形を示す。

林知己夫は正規分布をガウス分布と言い続けた。ガウスの正規分布に基づく統計的仮説の検定に承服しかねることがあったからである。ガウスを好まないというよりも正規分布でなにもかも説明しようとする当時の風潮に抵抗していたのである。それ故、本書でも、その分布を正規分布ではなく、ガウス分布と呼ぶ。

（4）R・A・フィッシャー（Sir Ronald A. Fisher 一八九〇—一九六二）イギリスの統計学者。実験計画法や進化生物学、遺伝学で知られている。彼の研究姿勢は実際的なデータの研究から始まって、新しい統計理論を確立したという特徴がある。今日流にいえば、イギリス経験論から出発したデータサイエンティストの魁《さきがけ》ともいえるだろう。

（5）統計学史においては、ピアソン（Karl Pearson 一八五七—一九三六）までを記述統計学の時代、次世代であるフィッシャーのそれを推測統計学の時代と呼んでいる。記述統計学を簡単に述べると、「標本集団のデータと母集団のデータを確率的に推測し、それによって母集団の様子を記述する」というもので、サンプリングの問題に集約される。

（6）イドラとは人間が本来持っている他者への先入観や偏見などで、イギリスの経験論哲学者フランシス・ベーコンによって指摘されたもの。ベーコンの指摘した四つのイドラとは、（1）種族のイドラ（人種的偏見）、（2）洞窟のイドラ（個人的経験）、（3）市場のイドラ（伝聞やゴシップ）、（4）劇場のイドラ（社会的権威）

である。観察や実験の重要性を説いたベーコンであったが、その一方で実験・観察には誤解や先入観、あるいは偏見が付きまとうことを指摘した。人間がイドラに惑わされないための要因分析をこなし、イドラ論を確立した。彼はこの種のイドラに惑わされることなく、現象把握を密にすることを奨励した。

(7) デイヴィド・ヒューム(一七一一―一七七六)は十八世紀の哲学者、イギリス経験論哲学の完成者。彼はそれまで無条件に信頼されていた因果律について、心理的な習慣という基盤が存在することは認めたが、それが正しいものであるかどうかは論証できないとした。後世になってこの種の考え方は「懐疑主義」と言われるようになった。主著に『人間本性論』(『人性論』とも、一七三九)がある。その一節に確率に関する興味ある記述がある。すなわち、「確率(蓋然性)」には、「偶然」と「原因」にもとづくものがあるが、前者は隠れた原因にほかならず、確率に偶然は存在しない。確率とは原因の分布に他ならない。

彼の目標は、十八世紀デカルトによって打ち立てられた砂上の楼閣を解体し、新しい思想を打ち立てるというよりも古い耕地を解体することにあった。さらに彼は、人間の本性に注目して宗教現象を解明し、人々を信仰に導き宗教に引き寄せものは人間の持つ希望と恐怖という情念によると考えた。このような思想は今日では実証科学的立場からの宗教論として認められているが、当時の宗教家はもとより知識人の間でも極めて危険な思想と考えられていた。彼はこのような宗教論により、終生「無神論」とか「懐疑論者」という非難を浴びせられただけでなく大学教授への道を閉ざされてしまった。ヒュームの宗教論は宗教の持つ神秘性が揺らぎ始めた時代に支配していた思想の流れの転換点となった。

ヒュームによれば論究のあらゆる対象には二種類ある。観念間の関係と事実の問題である。前者は数や量の間の関係、後者は事実と経験の問題である。彼の思想体系は記述的・経験的探求に徹している点に特徴がある(『人間本性論』参照)。

(8) ジョン・ステュアート・ミル(一八〇六―一八七三)イギリスの哲学者、社会・経済思想家、彼の自伝によると、イギリス・ロンドンに生まれたミルは学校へ行かずに、厳格な父親(ジェームズ・ミル)に教育され、信奉するベンサムの功利主義を息子に教えた。父は息子を、ベンサムと自分に続く功利主義者として優れた知識人に育てようと考えた。しかし二一歳の時に息子は精神の危機に陥る。オックスフォードやケンブリッジ大学から招聘されたが、それを断わり、父親の東インド会社に奉職。ミルの『自由論』の一節（功利主義の第二章）はよく知られている。「満足な愚者であるよりも、不満足なソクラテスであるほうが良い」。

（9）ジョン・メイナード・ケインズ（一八八三―一九四六）はイギリスの著名な経済学者で近代経済学の創立者。ケンブリッジ大学在職中の一九二一年に、ケインズは、*A treatise on probability*（『確率論』）を出版した。これは古典的確率理論を解体し、後に「論理－関係主義的」確率論として知られるようになった。この論文はケンブリッジ大学で論争を引き起こし、ケンブリッジの若い論理学者フランク・P・ラムジー（後注）に刺激を与え、独自の「主観的」確率論を構築させる契機となった。ケインズは『確率論』の冒頭に確率とは何かについて以下の三要素を述べている。

（1）確率を数学の問題としてではなく、哲学（論理学）の問題として取り上げる。

（2）確率とは二つの命題間の論理的関係として定義できる。

（3）確率には数量的に計測できない部分が多くある。

（10）フランク・P・ラムジー（Frank P. Ramsey 一九〇三―一九三〇）はイギリスの数学者、論理学者、哲学者。ケンブリッジ大学のキングス・カレッジのフェローとなり、ケインズに会って、確率論を書きなおし、フォン・ミーゼスに影響を与えた。なお、彼は二〇代で夭折するが、その間、数学基礎論において、ラッセル、ホワイトヘッド、ウィトゲンシュタインの残したいくつかの問題を解決した。この分野での業績は『数学基礎論』（一九三一）にまとめられている。

（11）ハンス・ライヘンバッハ（Hans Reichenbach 一八九一―一九五三）はドイツ生まれの論理実証主義者。エアランゲン大学で「確率論」で学位を取得する。一九二八年に経験哲学協会、いわゆるベルリン学派を創設。そこにフォン・ミーゼスも参加していた。一九三八年にドイツを逃れ、カリフォルニア大学ロスアンジェルス校に奉職。彼の『確率論』（一九三五）は英訳されて出版された。H. Reichenbach, *The theory of probability, an Inquiry into the logical and mathematical foundations of the calculus of probability,* University of California Press, 1948.

（12）ルドルフ・カルナップ（一八九一―一九七〇）はドイツの哲学者、論理実証主義の代表的論客。一九五〇年に *Logical foundations of probability* を上梓。

（13）第一章注（10）を参照。

（14）リエゾン（liaison）フランス語の連音、つなぎ、橋渡し、連絡・連携、連絡係の意で、多くの異なる分野が相互に連携して問題を解明してゆくこと。たとえば 産学共同（産業界と大学が相互に連携して問題を解決してゆく）、医学の分野ではリエゾン精神医学という名称で患者の治療にあたっている、特にサイコ・オンコロジー（psycho-oncology）は、がんを物理内科的に診断し、外科的手術をするだけでなく、患者の心をむしばむ不安を取り去るために精神医学や臨床心理学の助けを借りて治療する。

第三章

（1）ジョン・ペルゼル（John C. Pelzel 一九一四―没年不詳）CIE（Civil Information and Education, 民間情報教局）局長、文化人類学者、のちにハーヴァード大学教授となる。「日本人の読み書き能力」調査の発案者。彼による「日本人の読み書き能力」のまえがきはローマ字で書かれている。この調査を始めるにあたって、彼が配布したとされる「ペルゼル憲法」とは、主に社会調査の方法について簡潔にまとめたものとされるが、現存していない。実際に世論調査を指導したのはハーバート・パッシン（一九一六―二〇〇三）で、後にコロンビア大学教授（文化人類学）になる。彼は米陸軍日本語学校を出た後、言語将校として進駐軍に入っていたが、その社会調査の経験を買われてCIEに転じた。

（2）ドイツ人の森への憧憬は、「森の孤独」（Waldeinsamkeit）という名称でドイツロマン派の文学的主題となっている。ドイツでは、森は人間の内面的思索の場として重要な意味を持ち、森を愛する心はドイツ人の魂と直結している。

第四章

（1）数量化理論の前提となる j という質問項目に対応している k_j カテゴリーを以下のような形式でデータ変換する。

$$\delta_i(j, k_j) = 1 \quad i \text{ が } j \text{ 項目（質問）の } k_j \text{ カテゴリーに反応した時}$$

$$= 0 \quad \text{反応しない時}$$

ここに $i=1, 2, \cdots, N$（サンプル），$j=1, 2, \cdots, R$（項目），$k_j = 1, 2, \cdots, K_j$（カテゴリー）

（2）確率論・統計学における極限定理は、大数の法則によって母集団からランダムに抽出された標本サンプルのサイズを大きくすることで真の値に近づくとする。それに対して中心極限定理は、標本平均と真の平均との誤差を論ずるものである。多くの場合、母集団の分布がどんなものであれ、その誤差は標本のサイズを大きくするときに近似的に正規分布（ガウス分布）に従う。

（3）ミニマックス（minimax）定理はゲームの理論の中心課題で、想定される最大の損害が最小になるように決断する時の戦略である。すでに述べたようにゲームの理論は、フォン・ノイマンがモルゲンシュテルンと共著で一九四四年に書いた『ゲームの理論と経済行動』にまとめられている。それ以降、数学的に理論化されたゲーム理論において、打ち手を決定する際に使用されるゲームの一つがミニマックス法である。フォン・ノイマンは原爆の研究で被爆したために癌に侵され五三歳の若さで死去するが、その後、一九九四年にジョン・F・ナッシュがゲーム理論の進展に画期的な貢献をなしたとして、ノーベル経済学賞を授与された。

（4）ジャコブ・モレノ（Jacobe Lecy Moreno 一八八九―一九七四）はオーストリア系アメリカ人の精神分析家、理論家、教育者。サイコドラマ（心理劇）やソシオメトリーの提案者であり、グループ・セラピー（集団精神療法）の開拓者として知られる。集団療法はその後、社会心理学分野で、クルト・レヴィン（トポロジー心理学）のグループ・ダイナミックス理論につながっている。林知己夫がこのソシオマトリックスに着眼して数量化理論を展開したことは、社会心理学の分野ではあまり知られていない

（5）数量化理論には二つの基準がある。外的基準が「ある」と「なし」である。外的基準とは独立変数と従属変数が明確であるか否かを問うもので、ある変数が他の変数で予測することが可能な場合に、予測（説明）される変数のことを外的基準という。本来、生のデータは誤差を多く含む質的データであり、それを統計的方法で分析する場合は何らかの量的データに変換しなければならない。ここに、外的基準のある分析法には重回帰分析、判別分析があり、前者を数量化Ⅰ類、後者をⅡ類と呼び、それ以外はすべて外的基準のない分析法である。数量化Ⅲ類はパターン分類に相当し、数量化Ⅳ類は e_{ij} 型数量化法と呼ぶ。

（6）数量化理論を逐次Ⅰ類、Ⅱ類、Ⅲ類、Ⅳ類と命名したのは飽戸弘（東京大学名誉教授）でその根拠は文献（1964）を参照。

（7）ＱＯＬは元来は社会学の概念で、生活水準をもとにして、個人の生活の満足度を測定していた。しかし、人は生活水準が向上しても必ずしも満足しない。そこで、人の心理的側面を考慮して、すなわち、量ではなく質に注目して満足度を測るために考案された測定尺度である。

この種の問題はいつの間にか医学の分野に流れ、生命の質（人はいかに満足してその生を終えるか）の問題に発展し、医学の分野にある種の革命を起こし、人間の尊厳死や、医療の在り方などに波及した。つまり、この尺度は患者の尊厳をよりよく保つために用いられた尺度である。ＱＯＬを高めるための工夫が、特にホスピス関連の病院で注目され、現在に至っている。

（8）林知己夫の医学的見解への反論（二〇〇一年四月七日の木曜会での「科学史と科学者、公開インタービュー」）から引用する。なお、木曜会は村上征勝（当時は統計数理研究所、現在は同志社大学）、吉野諒三（統計数理研究所）が主催していた。

〔…〕僕の経験で行くと、緑内障を患ったので、眼医者に行くんです。「この頃新しい薬が出来ました。やってみますか?」というから、私も物好きなものですから、「やってくれ」と答えたんです。それで目薬を差しました。二週間くらいしたら不整脈が起こったんですよ。内科では「このくらいの不整脈は薬を飲めばすぐ直る。ほっといてもいい」と言うのですが、それで一か月くらいして眼医者の所に行ったら、「喘息か不整脈はありませんか?」というもんですから「冗談じゃあない。喘息と不整脈が起こって困ってんだ。目薬をやめてくれないか」と言ってやったんです。其れでやめたら二週間くらいで収まってきましたね。つまりね、不整脈が起こるのはどういう薬かというと、緑内障で目元の交感神経が昂ぶっているから抑えればいいんですよ。だから、交感神経が昂らないような薬を出すわけです。交感神経を抑えるということは心臓にも喘息にも影響してくるんですよ。そんなことで新しい薬を何度も試してみたんですが、「次は脳もありますから」と言ってきましたから、「そんなもんやめてくれ。どうなるかわからない」と断った。「林さんはクラシックな薬がいいようです」「当たり前ですよ。音楽でもクラシックが好きですから」という事でしたね。〔…〕因果関係は一対多の関係にあるから、副作用が出ちゃうんですね。対症療法が一番いい。そういうのが一番良いと分かった〔…〕。

第五章

(1) IASR(Israel Institute of Appled Social Research)の入口にこの研究所の沿革が書かれており、人件費は政府がまかなうが、研究費は主としてアメリカから研究題目に応じて受け取り、他の財団からも独立した利益を目的としない純粋な研究所であることが書かれている。いわゆる非政府系(NGO)の研究所である。ガットマンが一九四九年に社会心理学者フォア(U. G. Foa)とともに設立したと記されている。この研究所はイスラエル建国の重要な方策に大きく貢献しており、研究所沿革部分の最後には、国内外を問わず、イスラエル建国に寄与する研究の相談には快く応じることを義務づけている。ガットマンが亡くなった(一九七八年）あと、この研究所は彼の名を取ってGuttman Institute of Applied Social Research）と改名された。

（2）ファセット理論はガットマン独特の理論構成体であり、それを組み立てるデザインをファセット・デザインという。それを表現する手段として、射影文（mapping sentence）という直積空間に、一連の重要な変数（質問項目）の組合わせが、文章として構成されている。このマッピングは文章を定義するマッピング（definitional mapping）とデータマッピング（data mapping）の二つがあり、この両者を併用することによって質問項目を作成する。つまり、射影文そのものが一つの理論的構成体であると考える。

（3）デニス・ブレイン（一九二一―一九五七）はイギリスのフレンチホルン奏者。父も伯父も稀代のホルン奏者。二一歳でロンドン・ナショナル交響楽団の首席奏者に指名された。デニスは特に車好きで、譜面を車の雑誌置き場に載せて演奏していたことは有名。一九五七年九月一日早朝、ロンドン北郊の国道での交通事故で亡くなった。三六歳の若さであった。今にいたるも世界中で最も卓抜したホルン奏者の一人として知られる。「彼の伝記とされる“Dennis Brain A Biography”を読み彼の音楽をよりよく理解しえたと同時に、ホルンという楽器の持つ特性、演奏の在り方を知る事が出来た」と、林は『数学セミナー』に熱く記している。デニス・ブレインの伝記を読んで共感し、彼は自分のホルンの腕が一つ上がったような感じになったという。何ごとに対しても感受性豊かに反応する林の特徴をよく表わしている。

第六章

（1）一九五三年にテレビ放送が始まり、一九六〇年にはカラー放送となった。そこで、テレビが急速に普及し、それにつれて広告媒体としても高い評価を得るようになると視聴率が求められるようになり、電通と東芝がテレビ受信機にメーターをつけて視聴率を測定する方法を開発。以後この二社と全国主要民間放送局一八社が出費して、一九六二年に（株）ビデオ・リサーチが第三者調査会社として発足した。

（2）一九七二年五月から月一回ないし二回を目途に、多次元尺度解析（ＭＤＳ）研究会が林知己夫（数理研究所）と飽戸弘（東京大学）を中心に行なわれた。まずMDSの文献研究から始まった。さまざまなMDSのモデルが紹介され、比較的単純なデータで検証した。その後さらに具体的な調査を実施して検証するに際し、誰もが関心を持ってはいるが実際には調査実施の困難に思われる日本人の態度基底構造の調査（俗にお化け調査）を、東京都と米沢市を調査地域対象に実施した。この研究会に参加したメンバーは以下である（所属は当時のもの）。林知己夫（統計数理研究所）、飽戸弘（東京大学）、堀洋道（筑波大学）、岩男寿美子（慶応義塾大学）、上笹恒（筑波大学）、丸山久美子（青山学院大学）、杉山明子（NHK　放送世論調査所）、鈴木裕久（東京大学）、林文（統計数理研究所）、清水陽介（電通　電子計算機室）、金森康雄（電通　電子計算機室）。

（3）最小空間解析（SSA）はその分析の当初から、あらかじめ両者の性質をよく吟味するために、ファセット・デザイン（facet design）という独自の要因配置を考えておく。このとき、ガットマン独自のランク・イメージの原理に従って、データをランクに変換するという操作が入る。ファセットで組まれたデータの距離の順位数をD_{ij}とする。これはある距離d_{ij}があり、これを近いものから遠いものに順位づけたものである。そのデータの最大固有値の固有ベクトルが初期値として与えられる。

単調性の条件も、弱単調性、準単調性、強単調性などデータの性質によってさまざまの単調性が考えられる。最小次元解析（MDA）は弱単調性の条件から出発して、データが順のついたn個のグループに分類されている。変数が多いときに適用すれば効果的である。SSAとMDAの求める結果は、初期値の与え方が同じである限り、アルゴリズムの計算手順や結果に関してはそれほどの違いはない。

（4）この概念は古く、アリストテレス流の考えが隆盛を極めていたころのスコラ哲学者グロステスト（一一七五―一二五三）によって提唱され、のちにオッカム（一二八〇―一三四七）の「存在は必要以上に増加すべからず」という命題により、現象を集約し、それを簡潔に表現するこの概念は、真に科学する精神、心構えとなって科学の進歩を促してきた。これは最小限の根本原理を要求するような学説が真であるとする論理を意味する。この意味における操作主義的立場に立てば、現象を予測することの目的意識の妥当性・有効性の観点から見て、多数事象からなる現象のなかに含まれる不必要な部分を切り捨てることにいささかの躊躇もないという研究上の態度が確固としたものでなければならない。ただし、データ解析において、「オッカムの剃刀」に言及されるのは、事象を簡潔に表現するためだが、データに付きまとう夾雑物を取り除こうとして、そのなかに真のデータが隠されていようとも多くの貴重なデータを切り捨てるということにもなりかねないので注意を要する。

(5) 生のデータには常に誤差が付きまとい、それらの誤差をすべて取り除くことは不可能である。したがってわれわれが知り得るのは常に誤差付の質的データである。すべての誤差を除去できないとしても生のデータ(質的データ)を何らかの変換によって真のデータ(量的データ)にすることは可能である。数量化理論の基本概念である質を量に変換するという前提は、誤差をなるべく最少にして真のデータに近づけようとすることにある。誤差論ではこれを真値と呼び、真値が未知の場合は便宜的に測定によって得られた平均値を用いることが多い。

第七章

(1) 知覚の弁別閾の実験に際して、重さ、音などの弁別閾を測定すると、刺激と弁別感覚は線形に上昇する。この現象をウェーバー-フェヒナーの法則(Weber-Fechner's law)という。ある段階までは線形に上昇するが、そのあとは直線は若干曲がる。このことから非線形問題が浮上したが、現時点ではなぜ曲がるのかは不明である。人間の五感の感度はある程度は線形に上昇するが、ある段階を過ぎると個人差が大きく効いてくるのではないかと考えられる。どこまでを個人差とするかは今後の研究にまつ。

(2) プロビット(probit)とは、正規分布累積関数の逆数であり、統計処理で用いられる。この関数が注目されたのは毒物学の分野である。殺虫剤による虫の死亡率データをプロビット値に変換して、殺虫剤の量と虫の死亡率を調べると、当初は虫の死亡率と殺虫剤の間に線形関係が成り立つが、ある一線を越えると死なない虫が現われ、非線形となる。虫にも個体差が存在するのだ。人間は特に著しい個性があり、薬物の調合は、その人の特性を考えてなされている。同じ病気だからといって、必ずしも他者にきく薬を呑むと治るということにはなりえない。

（3）水野欽司（一九三二—一九九九）は、統計数理研究所で日本人の国民性調査をはじめとする研究所の調査部門の充実に努め、調査拒否の問題に深く悩み、回収率を上げるために血のにじむような努力をした。さらに、都市住民の環境意識調査や「自然災害の特別研究」に従事した。特に自然災害では関東部会長として活躍し、「稲むらの火」の作者中井常蔵を防災功績者大臣賞（国土庁）にまで持って行き林知己夫から絶賛された。

岩坪秀一は、行動計量学会を通じて水野欽司の見識や洞察力、決断力を間近に実感して、いつしか水野を学問研究および人生の師として私淑するようになったという。

（4）当時、小室に私淑した弟子たちが、二〇一三年に小室直樹の業績を網羅した書物を上梓した。橋爪大三郎・副島隆彦『小室直樹の学問と思想』ビジネス社。

第八章

（1）国民性調査は一九八八年まで統計数理研究所が自前で行なっていたが、一九九三年より二〇〇三年までは中央調査社（ただし、補完的に新情報センターに並行してオムニバス調査をさせていた）、二〇〇八年は新情報センター、二〇一三年は日本リサーチセンターに委託した。

（2）黒田安昌（ハワイ大学）は林知己夫を「想像力豊かな世界的レベルの学者」と評して、次のように述べている（「林知己夫賛歌」『林知己夫著作集』付録、勉成社）。

〔…〕先生は私の生涯において個人的に知り合った学者の中で、想像力豊かな多数の論文や本を発表した二人の世界的レベルの学者の一人である。もう一人は、今も人類の平和を追求してやまないヨハン・カルダン教授である。〔…〕多くのものに満足せず、科学者として真摯な基本的姿勢の林先生をいつも素晴らしい学者だと思っていた。それが、先生を日本ではまれにみる創造的な学者として世界各地の学者からも尊敬の的となった所以なのであろう。しかし、それにもまして先生は人間として限りなく美しい魅力的な心の持ち主であった。

〔筆者注　ヨハン・カルダン教授はノルウェー人の学者で平和・紛争の研究に多くの時間を費やし、欧州統合に貢献した〕

（3）パリ第六大学はピエール・エ・マリー・キュリー大学（ＵＰＭＣ：Universite Pierre-et-Marie-Curie）、俗にメトロと広場の名前からジュシウー大学とも呼ばれている。「パリ大学」は一三ある大学の総称で、第六は「理工・法学・医学」系の大学である。

（4）林がベンゼクリの論文をどのようなきっかけで確認したのかは不明である。しかし、まず、ベルギー自由大学のファベルジュ（Faverge）教授の書いた（0，1）データに関するパターン分類のような分析の講義録（1970-1971）があり、それを見せられてベンゼクリの名前を知ったのではないかと考えられる。ただ、林が正式に数量化Ⅲ類と似た方法を見出したのはヒル（Hill 1974）の論文であり、そこで対応分析という名称を知ることになる。ベンゼクリは正式には対応分析法の論文は書いていない。彼はもともとパリ大学ではなく、レンヌの大学に所属し、そこで言語学の研究に関連して、初めて対応分析法を使ってみようと思ったのではないかと思う。ベンゼクリ本来の活動を知らないで対応分析を引用している人もいるようだ。Benzécri, "Pratique de l'analyse des données"（1982）に対応分析生成の道程が詳細に書かれている。

（5）ニコラ・ブルバキ（Nicolas Bourbaki）はフランスの若手数学者集団のペンネーム。『ブルバキ数学原論』が日本で翻訳された時期は抽象代数学が盛んな頃のことである。『数学原論』は六つの部門（集合論、代数、位相、実一変数関数、位相線形空間、積分）からなっており、翻訳版（東京図書）は三九巻の大部な書である。『ブルバキ数学原論』の当初の目的は、微分積分の現代的な教科書を作成することで、一九三五年から始まった。若手の数学者が集まり、ニコラ・ブルバキという架空の人物があたかも実在するかのように、ペンネームで論文を発表していた。しかし、途中であまりにも膨大になりすぎたために、その目的は成就せず、集合論の現代的数学の厳密性、公理性をもとに新たな集合論を構築するという目的に変更された。抽象代数学の流行もあって『ブルバキ数学原論』は現代数学に影響を与え、日本でも数学会の名だたるメンバーが膨大な『ブルバキ数学原論』の翻訳に携わっていた。

ブルバキ創立者メンバーに、整数論に多大な功績を遺したアンドレ・ヴェイユ（一九〇六―一九九八）が名を連ねている。彼は特異な哲学者シモーヌ・ヴェイユの兄である。

（6）今日、スマートホンやタブレット端末などのインターネット利用が日常化し、調査環境に変化が生じ、このことが非標本誤差の評価を難しくしている。この問題をどのように解明してゆくことができるかが今後の課題となる。以下にウェブ調査の仕組みを明確にした大隅（二〇一〇）の論文を参照しよう。

〔…〕ウェブ調査は調査対象者の勧誘・調査表設計、質問文作成、調査票配信から回収、集計分析ほか、調査過程のほぼ全体をコンピュータ管理の下で実施する。その特徴は下の一〇項目になる。一：間接的な自記式、二：ウェブ利用、三：クライアント・サーバ型分散ネットワーク、四：マークアップ言語を用いた調査票の設計、五：マルチメディア（視覚的、聴覚的）などである。実際に利用にあたって考慮すべき要件は、一：目標母集団と標本抽出枠の設定、二：ウェブ・パネルの構築を行うかまたは行わないかの決定、三：ウェブ・パネルの種類（確率的か、非確率的か）、四：勧誘方法（調査対象者との接触と勧誘）、五：電子調査表の設計・方法、六：統計的推論の可能性の判断、七：調査誤差発生源と影響評価《誤差提言の方策》、八：ウェブ・パネルの品質確保と維持管理（劣化防止、セキュリティ対策）、九：データ収集手順の選定、一〇：調査倫理への配慮と対策、などである。

なお、ウェブ調査を実施する上での、非観測誤差の提言の目安、観測誤差の提言の目安として貴重な資料が提出されている。

第九章

（1）フランスの哲学者・数学者パスカル（一六二三―一六六二）が友人の数学者フェルマーにあてた手紙が現在の確率論の始まりであるといわれている。当時の有名な賭博師ド・メレがパスカルにサイコロで勝つ方法という問題を持ち込み、その問題についてパスカルがフェルマーにあてて手紙を書いて問題を解いたといわれている。パスカルとフェルマーの往復書簡は（ルース・デブリン『世界を変えた手紙――パスカル、フェルマと確率の誕生』（岩波書店）参照。

（2）マーケティング・インテリジェンスとは、文字通りに訳せば「市場調査情報戦略」である。今日社会状況は、これまでのように市場調査による消費者情報だけでは不十分であり、その企業環境が置かれている状況を緻密に検討し、意思決定し、綿密な企業競争の戦略的方法を駆使しながら情報を一元化してシステム化する必要に迫られている。当然これまで以上に統計的方法が市場調査の分野で効果的に利用されなければならない。

時系列的に実施された「日本人の国民性調査」は国民の意識調査、意識変化の流れなどがこの調査で明確になった。このような調査を異なった文化圏の人々に実施すれば、グローバルな情報が飛躍的に増加する。得られた情報を計算機に読ませて集計したとしても、ただそれだけでは紙の山がうずたかくなり、それを見て気が重くなるだけだ。そこでこれらの情報を戦略情報の意思決定論にまで発展させることが、これからの社会のデータ解析につながる。林は「調査のルネサンス」を感じ取っていた。調査は不死鳥のようでなければならないとも言った。ビッグデータの時代を迎えて彼はデータサイエンスに携わる人たちの熱情を信じており、その胎動を感じてもいた。

これまでのような市場調査の時代は次第にすたれ、社会は混沌として不確定になり、順風漫歩の環境からは遠ざかる。本来、市場調査は知恵のみなぎった参謀的性格を必要とするが、これからは果断な意思決定、行為決定者と同じく正鵠を得た意思決定のできる情報提供者も必要になろう。その「分」を心得ていなければならないと主張していた。

(3) ユビキタス(ubiquitous)とは、ラテン語の ubique に由来し、「遍く」を意味する。キリスト教では「神の遍在」というが、日本のようにキリスト教徒の割合が高々一%にも満たない国ではこの言葉には真実味がない。神は遍くどこにでも存在する。それが八百万《やおよろず》の神(神道)であってもよいではないかと思うのだが、日本では神はコンピュータであるらしく、ユビキタス・コンピューティング、ユビキタス・ネットワーク、ユビキタス社会などと言われており、「いつでも、どこでも、だれでも」が恩恵を受けることのできるインターフェース、環境、技術のことである。現在ユビキタスの厳密な定義はなされていない。

かつて統計が学問体系を整える前にイギリス政治算術学派に属していた数学者・神学者でドイツの司祭のズースミルヒ(J. P. Sussmilch 一七〇七―一七六七)は、近代統計数学の基礎となる大数の法則、「大量の観察データにはある種の規則性が存在する」というデータの規則性を発見した。彼はこの規則性を「神の自然秩序」と考えた。すなわち、「人間の出生・死亡および繁殖により証明された人間の変動のなかに存在する神の美しい秩序」である。このような統計的法則性は極めて重要な発見で、のちの大量データのなかに存在するある種の規則性の発見につながり、やがて数量的観察、大量観察、一見ランダムのように見える事実のなかに存在する規則性の発見、推定といった重要な発見に至った。「自然の形態は神の創造した秩序である」という神学的思想は、ズースミルヒが中世の神学者であったがためであった。ならば神の遍在するユビキタス社会のビッグデータにどのような規則性が存在するのか。それを発見してゆくのが今後に残された重要な課題であろう。

(4) 一九六〇年代から大型計算機が開発されるにつれて、人間の頭脳が計算しうる能力を瞬時に飛び越えた超人的人工頭脳が次々に出現した。それまで一年かかって成し遂げていたような計算を瞬時に計算可能にしたこの驚くべき文明の利器は、科学の世界に一大変革をもたらした。この問題にいち早く反応したのは科学哲学者たちで「計算可能性」（computability）に関する論議が興隆した（大出・坂本 一九六七）。

人工頭脳の発達によって、それまでユークリッド空間で議論されていた線形問題が、非ユークリッド空間における非線形問題という一般的な世界の構造に近づくことが可能になった。すなわち、これまでの科学技術は非線形空間の特殊解である線形空間のなかでしか議論できず、現象全体の構造を部分的な側面だけを取り上げて全体を推測することしかできなかった。しかし超人的人工頭脳は、一般解である非線形構造を瞬時に解析してしまうという神業を成し遂げることができるようになった。これが形式的演繹理論でえた正確さの性質、つまり、一定の形式的演繹理論の証明といわれる数理的構造を難なく解き明かしてくれる神器のごとき役割を担ったのであった。すると、数理科学者たちはたちまち、計算可能性の問題に取り組み、これまで計算不能と思えたものでも、人工頭脳がたちまち解決してくれることに気がついた。これまで難解なデータを持つ構造解析も、瞬時に計算可能にしてくれるこの大型計算機によって科学哲学の世界の様相も次第に変化するようになった。計算可能性と非可解性（unsolvability）の概念は、元来、アルゴリズムを正確に定義する際に必要な概念であったが、もはやその必要はなくなった。アルゴリズムにとって計算可能性の世界が格段に増したのである。かくして、計算の理論（計算の科学）が科学者たちの議論の中心になった（Davis 1958）。科学の世界は仮説演繹法からなる理論科学と帰納法からなる実験（調査）科学の段階を踏んだ理論が構築されるようになった。仮説を構築して実験し、その結果（データ）がその仮説に合致しなければ再度実験をし直すという繰り返しであった。計算可能性の議論は仮説演繹法のみならずデータにおける帰納関数も取り上げ、人間の頭脳が考え出した数理関数に当てはめるための実測値（データ）を作り上げるのである。

こうなると、はじめに数理構造ありきであって、実験によって得た結果はそれを証明するための道具であった。しかし、データの背後には悠然とした大海原のごとき、膨大で複雑な現象が控えている。その一部を取り上げて、そこにある現象全体の意味を探ろうしても、線形関数から非線形の世界を知ろうという無謀な試みにしかならない。

二十世紀はこのようにいかなる巨大なデータでも「解決可能」になった時代である。計算科学やシミュレーションが発達し、ことあるごとにシミュレーションをしてから何ごとかを予測するという計算科学が発達した。二十一世紀はさらにデータの性質が変化した。ビッグデータという名称が今日、市場を沸かしている。これまでビッグデータといえば地震、津波、台風などの巨大データのことであり、地震が起こる発生メカニズムのシミュレーションが人工頭脳によって可能になった。これが実験データ（少数）、調査データ（大標本）に続く第三のパラダイムであり、非線形、非ガウス型分布によるシミュレーションが可能になって、時系列分析をより一層現実に近づけることができるようになった。この問題は特に地震、津波、台風などの大災害の頻発する日本においては重要な課題である。ところが、今日では、個人の気儘なおしゃべりの蓄積が巨大なデータと化し、それをビッグデータというのである。大型計算機はここでもまた、人間の予測をはるかに超えた現実を提供することになった。これまでデータといえば実験や調査のために緻密に構成された実験計画や質問票のデザイン、サンプリング、分析の三側面が厳密に行なわれた上でデータを中心にした帰納法的理論が厳重に守られてきた。

だが、インターネットから流れる個人のつぶやきやブログに記されたデータにはその種の原則は通用しない。個人のプライバシーを叫んでも、もはやプライバシーなどどこにも存在しない。世界中が一丸となって話し続け、書き続ける限り、そのデータは世界中に流れるのである。インターネットの功罪はこのようなところにもある。データ採集もこれまでとは異なった手法で行なわれるであろう。その意味でウェブ調査やインターネット調査の方法論はますます盛んになるだろう。複雑系データの分析技法の開発も一層推進されるだろう。

林知己夫のデータサイエンスの世界はシミュレーションまでである。しかし、個人のプライバシーを守るためにこれまでのような調査を拒否する人はインターネットを使用しないほうが良い。そこまで情報が拡散していることを忘れないようにするべきである。二〇一四年の総務省報道資料によれば、地震の避難情報を個人の持っているビッグデータで実用化しようとしている。文科省はビッグデータの明日を見据えて統計数理研究所に「データサイエンテスト養成所」を委託した。第一四代統計数理研究所所長であった北川源四郎は、最終講義で、第四のパラダイムは「データ中心科学」であると述べており、今後の社会ではデータサイエンスが重要であることを強調している。少なくともこの点では、いかにもデータサイエンスの時代が到来したかのような印象を受けるが、林知己夫の考える「データの科学」の真意を理解してのことであるかどうかは不明である。この問題は今後多くの人に議論され、さらに深く考慮されて、社会に発信されてゆくべき課題であろう。

今はまだその時ではない。長い蓄積の上に個人のつぶやきからなるビッグデータの解析法が生み出されるだろう。データマイニングの出番であろうか。試行錯誤の結果、われわれが手にするその方法は、これから出現するであろう天才的な人間の叡智によって実現することを信じている。

索　引

さ 行

は　行

参考文献

林知己夫の著書・論文

『林知己夫著作集』第1巻—15巻 2004 勉誠出版
1『科学を考える——科学基礎論』 2『部分から全体を——サンプリング・調査法』 3『質を測る——数量化理論』 4『現象をさぐる——データの科学』 5『心を測る——日本人の国民性』 6『心を比べる——意識の国際比較』 7『政治を測る——政治意識·選挙予測』 8『世論を測る』 9『社会を測る』 10『市場を測る』 11『野うさぎを数える——森林・動物・自然』 12『健康を測る』 13『教育を考える』 14『人との出会い』 15『未来を祭れ』
林知己夫著作集編集員会編「林知己夫賛歌」

単著（刊行順）
林知己夫 1951 『サンプリング調査はどう行うか』東京大学出版部
林知己夫 1974 『数量化の方法』東洋経済新報社
林知己夫 1977 『データ解析の考え方』東洋経済新報社
林知己夫 1978 『計量感覚——役に立つ情報をつかみ出すために』プレジデント社
林知己夫 1981 『日本人研究三十年』至誠堂選書，至誠堂
林知己夫 1982 『科学と常識』東洋経済新報社
林知己夫 1984 『調査の科学——社会調査の考え方と方法』ブルーバックス，講談社
林知己夫 1985 『データ解析法』放送大学教育振興会
林知己夫 1988a 『データ解析法の基本』放送大学教育振興会
林知己夫 1988b 『データ解析法の進歩』放送大学教育振興会
林知己夫 1988c 『日本人の心をはかる』朝日新聞社
林知己夫 1993a 『行動計量学序説』朝倉書店
林知己夫 1993b 『数量化——理論と方法』朝倉書店
林知己夫 1995 『数字から見た日本人のこころ』徳間書店
林知己夫 1996 『日本人らしさの構造——こころと文化をはかる』東洋経済新報社
林知己夫 2001a 『日本人の国民性研究』南窓社
林知己夫 2001b 『データの科学』朝倉書店

共著（刊行順）
水野坦・林知己夫・青山博次郎 1953 『数量化と予測』丸善出版

髙木貞二 編 1955『心理学における数量化の研究』東京大学出版会
西村克彦・林知己夫 1955『仮釈放の研究』東京大学出版会
村山孝喜・林知己夫 1964『市場調査の計画と実際』日刊工業新聞
林知己夫・樋口伊佐夫・駒沢勉 1970『情報処理と統計数理』産業図書
林知己夫・飽戸弘編著 1977『多次元尺度解析法―その有効性と問題点』サイエンス社
林知己夫・飽戸弘編著 1984『多次元尺度解析の実際』サイエンス社
林知己夫・鈴木達三 1986『社会調査と数量化』岩波書店
林知己夫・桜庭雅人 2002『数字が明かす日本人の潜在力――50年間の刻印性調査データが証明した真実』講談社

論文（刊行順）

林知己夫 1959「数量化と予測に関する根本概念」『「統計数理研究所彙報』第7巻1号（末綱恕一還暦記念論文）43-64頁
林知己夫 1967「社会調査における回答誤差―それに基づく歪みをどう補正するか」『NHK総合文化研究所創立20周年記念論文集』471-546頁
林知己夫 1973「医学方面における統計的方法の使い方について」『日本公衆衛生雑誌』第20巻2号, 27-38頁
林知己夫 1974「『行動計量学』の創刊に寄せて」『行動計量学』創刊号, 1-3頁
林知己夫 1977「行動計量学的接近の諸問題」『公衆衛生』第41巻11号, 760-764頁
林知己夫 1980「日本人の意識の底を探る――お化けへの関心」『数理科学』第18号, 23-32頁
林知己夫 1996「データ解析からデータサイエンスへ――科学としてのデータを語る」『データウェアハウスがビジネスを変える』日経BPムック, 82-87頁
林知己夫 1998「探索的にデータを取り扱う事の大切さ」(NO.1)『データ・マイニングとデータの科学』W'Wave vol.4, no.1
林知己夫 2000「これからの国民性研究――人間研究の立場と地域研究・国際比較研究から計量的文明論的構築へ」『統計数理』第48巻1号, 33-66頁
＊ここには本書で参照した文献のみを記載した。そのほかの林の文献を読みたい方は、林知己夫著作集15巻『未来を祭れ』巻末に記載の文献表を参照のこと。

その他の参考文献

和文（五十音順）

飽戸弘 1964「数量化理論――社会行動研究における適応の効果と限界につ

いて」『年報社会心理学』第5巻，勁草書房，73-103頁
新井仁之 2000「掛谷問題とコロナ問題――日本発の二つの問題」『数理科学』12月号，56-65頁
岩坪秀一 1987『数量化法の基礎』朝倉書店
岩坪秀一 2002「行動計量学の社会への貢献―故水野欽司先生の防災教育研究から学ぶ」『行動計量学』第29巻1号，55-60頁
大出晁・坂本百大（監訳）1967『現代の科学哲学』誠信書房（The Voice of America, Forum Lectures, *Philosophy of Science*, 1963)
大隅昇 1980「フランスにおけるデータ解析の動向―― Benzecri の数量化法を中心に」『数理科学』第204号，56-64頁
大隅昇 2002「インターネット調査の適用可能性と限界――データの科学からの考察」『行動計量学』第29巻1号，20-44頁
大隅昇 2005「林知己夫先生の研究の一側面（2）多次元データ解析から分類へ、そしてデータの科学に向けて」『TASC monthly』第5号，4-14頁
大隅昇 2010「ウェブ調査とはなにか？可能性・限界そして課題」『市場調査』第284号，285号
大隅昇、L. Lebart ほか 1994『記述的多変量解析法』日科技連 (Lebart, L., Morineau, A. & K. Warwick 1984 *Multivariate Descriptive Statistical Analysis; Correspondence Analysis and Related Techniques for Large Matrices*, John Wiley and Sons.)
北川源四郎 2002「林知己夫先生を悼む」『統計数理』第50巻2号, 111-116頁
行動計量学会第73回シンポジュム 2003「データの科学と調査法」林知己夫先生講演記録『行動計量学』第30巻2号，179-189頁
佐藤敬之輔 1956「好きときらい――調査と分析の小手調べ(1)－(4)」『日経広告手帖 日本字デザイン』丸善出版
芝村良 2004『R. A. フィッシャーの統計理論――推測統計学の形成とその社会的背景』九州大学出版会
清水徹 2010『ヴァレリー――知性と感性の相克』岩波新書
高橋正樹編 2004「科学史と科学者――林知己夫氏公開インタビュー」『行動計量学』第31巻2号，107-124頁
竹内 啓 1995「歴史の転機と統計学の未来」『日本統計学会誌』第25巻3号, 217-221頁
竹内啓・林知己夫・河野稠果・佐和隆光・坂元昂・古川俊之（司会）美添泰人 1996 フォーラム「21世紀の社会と人間――科学的手法による予測はどこまで有効か」幕張メッセ国際会議室
真鍋一史 1978「日本への手紙 イスラエルの世論調査―― L. ガットマンの足跡」『本』7月号，講談社
真鍋一史 2012「私にとっての日本分類学会――一つの道程」『日本分類学会

会報』第 3 巻 1 号，1-2 頁
丸山久美子　1969「心理学的測定における非線形問題――その根本概念と因子分析法・多次元的尺度構成法に関連して」『心理学研究』第 40 巻，212-220 頁，273-290 頁
丸山久美子　1978「社会心理学におけるデータ解析の方法論的諸問題」『年報社会心理学』第 19 巻，勁草書房，127-138 頁
丸山久美子　1979「データ解析の基礎的概念――行動計量学の視点」『季刊 Marketing 研究』第 5 号，51-66 頁
丸山久美子　1981「心理学的誤差の概念について」『科学基礎論研究』第 15 巻，7-86 頁
丸山久美子　1991「対人的関係認知構造の計量――二者関係と三者関係における認知構造の比較」『心理学研究』第 52 巻，323-329 頁
丸山久美子　2007「心理統計学――トポロジーの世界を科学する」『アートアンドブレーン』
丸山久美子・林知己夫　1968「反応誤差にもとづく数量解析の歪み」『心理学研究』第 39 巻，297-310 頁
丸山久美子・林文・林知己夫　1971「三色調和感にもとづく色彩空間構成の一つの試み」『色彩研究』第 18 巻 1 号
水野欽司　1988「今､行動計量に欲しいもの」『日本行動計量学会 35 年記念誌』第 73 号
宮地正卓　2003『科学的認識と帰納的推論――ヒューム、ポパー、ライヘンバッハ』学術出版
森本栄一　2005「戦後日本の統計学の発達――数量化理論の形成から定着へ」『行動計量学』第 32 巻 1 号，45-67 頁
吉野諒三　2003「｢最初のことば｣と｢最後のことば｣」『行動計量学』第 30 巻 2 号，175-177 頁
日本行動計量学会 35 年記念誌　2008

欧文（アルファベット順）

Benzecri, J. P. 1976 *L'Analyse de Donnes, Tome 1: Taxinomie, Tome 2: L'analyse des Correspondances*, Dunod (second edtion)
Couper, M. P. 2008 *Designing effective Web Surveys*, Cambridge University Press.
Couper, M. P. 2013 "Is the sky falling ? New technology, changing media, and the future of surveys," *Survey Research Methods*, vol. 7, no. 3, pp. 145-156
Davis, M. 1958 *Computability and unsolvability*, McGrow-Hill, New York (『計算の理論』渡辺 茂・赤愈也共訳，岩波書店，1966)
Finny, D. J. 1953 "The estimation of the errors in the systematic sampling of

forests," *Journal of he Indian Society of Agricultural Statistics*, vol. 5. no.1
Greenacre, M. J. 1984 *Theory and Applications of Correspondence Analysis*, Academic Press.
Guttman, L. 1950 "An approach for quantifying paired comparison and rank order," *Annals of Mathematical Statistics*, vol. 17, no. 2
Guttman, L. 1954 "The principal components of scalable attitudes," P. L. Lazarsfeld (ed.), *Mathematical Thinking in the social sciences*, Free Press.
Guttman, L. 1968 "A general nonmetric technique for finding the Smallest Space Analysis for a configuration of points, "*Psychometrika*, vol. 33, pp. 496-506
Hayashi, C. 1950 "On the quantification of qualitative data from the mathematico-statistical point of view," *Annals of the Institute of Statistical Mathematics*, vol. II, pp. 35-47
Hayashi, C. 1952 "On the prediction of phenomena fro m quantitative data and the quantification of qualitative data from the mathematical statistical point of view," *Ann. Int. Statist. Math.*, vol. II, pp. 69-98
Hayashi, C. 1972 "Two dimensional quantification based on the measure of dissimilarity among three elements," *Ann. Inst. Statist. Math*, vol. 24, pp. 251-257
Hayashi, C. 1974 "Minimum Dimension Analysis MDA? ――one of the methods of multidimensional quantification (MDQ) ," *Behaviormetrika*, no. 1, pp. 1-24
Hayashi, C. 1976 *Minimum Dimension Analysis MDA-OR and MDA-UO Essays in Probabillity and Statistics* (EDs: Ikeda, S, Sinko Tsusho Co. Ltd.)
Hayashi, C., Diday, E., Jambu, M. and Ohsumi, N. (eds.) 1988 *Recent development in clustering and data analysis*, Academic Press
Hayashi, C., Ohsumi, N., Yajima, K., Tanaka, Y., Bock, H. H., and Baba, Y. (eds). 1998 *Data science, classification, and related methods*, Springer
Hill, M. O. 1974 "Correspondent Analysis: A neglected multivariate method," *Journal of the Royal Statistical Society Series C*, vol. 23, pp. 340-354
Hume, D. 1739 *A Treatise of Human Nature*, Selby-Bigge, L.A., Second Edition, Revised by P. H. Nidditch, Oxford University Press , 1978（『人間本性論』大槻晴彦訳 , 岩波文庫〔全 4 巻〕1952 年 ;『ヒューム人性論』土岐・小西訳 , 中公クラシック , 2010 年）
Hume, D. 1741-42 *Enquries concerning the Human Understanding and the Principles of Morals*, Selby-Bigge, Third Edition, Revised by Nidditch, P. H., Oxford University Press 1975 (『人間知性の研究・情念論』渡部峻明訳 , 晢書房 , 1990 年 ;『道徳原理の研究』渡部峻明訳 , 晢書房 , 1993 年）

Kruskal, J. B. 1964 "Multidimensional scaling by optimizing goodness of fit to a nonmetric hypothesis," *Psychometrika*, vol. 29, pp. 1-29

Krukal, J. B. 1964 "Nonmetric multidimensional scaling; A numerical method," *Psychometrika*, vol. 29, pp. 115-129

Maruyama, K. 1969 "On the minimum dimension analysis – New approach by quantification Theory," *Jap. Psychol. Res.*, vol. 11, pp. 134-140

Togerson, W. S. 1952 "Multidimensional scaling: Theory and Method," *Psychometrika*, vol. 17, ppl 401-419

Tucker, L. R. 1966 "Some mathematical notes of three-mode factor analysis," *Technical Report of University of Illinois*

Tukey, J. W. 1977 *Exploratory data analysis*, Addison-Wesley,

林知己夫年譜

西暦（元号）	歳	事　項
1918（大正 7）	0 歳	6 月 7 日、林隆一、千世の四男として東京市本郷区（東京都文京区）駒込で出生。その後、中野区東中野四丁目に転居。11 月 11 日、第一次世界大戦終結
1923（大正 12）	5 歳	9 月 1 日、関東大震災勃発
1925（大正 15）	7 歳	4 月、地元（中野区立）の小学校入学
1931（昭和 6）	13 歳	4 月、東京開成中学校入学
1932（昭和 7）	14 歳	ヴァレリーの『ヴァリエテ』（佐藤正彰・中島健蔵訳、白水社）を読み感動する。
1933（昭和 9）	15 歳	校友会誌の開成詞華選『若き心　昭和編』に「読書の楽み」と題するエッセイが選抜・掲載される
1936（昭和 11）	18 歳	4 月、成城高等学校理科入学。12 月 20 日、父 隆一が病没。その後、長兄浩明が父の経営する鋼鉄会社経営を継承。次兄史人、三兄尚士もともに同社の経営に参画する。長兄が四男知己夫の父親代わりとなる
1937（昭和 12）	19 歳	7 月 7 日、日中戦争（支那事変）勃発
1939（昭和 14）	21 歳	東京帝国大学理学部数学科入学、掛谷宗一教授のもとで確率論を専攻する。
1941（昭和 16）	23 歳	12 月 1 日、日本軍ハワイ真珠湾攻撃、12 月 8 日、英米に宣戦布告、太平洋戦争開戦
1942（昭和 17）	24 歳	10 月 20 日、東京帝国大学理学部数学科を繰り上げ卒業後、陸軍航技候補生として陸軍水戸飛行学校入学
1943（昭和 18）	25 歳	2 月 20 日、卒業と同時に航技中尉、陸軍航空本部付
1944（昭和 19）	26 歳	10 月 25 日、文部省統計数理研究所初代所長に掛谷宗一が就任
1945（昭和 20）	27 歳	3 月 10 日、東京大空襲で東中野の家が焼失したた

		め、明大前の借家に仮住まいとなる。4月8日、航空総軍司令部附。8月15日、天皇陛下玉音放送。8月20日、特技大尉。12月28日、東京帝国大学理学部における科学研究補助の嘱託（常勤）。この頃、フルートを独学で練習し始める
1946（昭和21）	28歳	12月16日、文部技官として統計数理研究所入所
1947（昭和22）	29歳	1月8日　統計数理研究所初代所長掛谷宗一、肺炎で死去。5月、東京大学教授末綱恕一が所長を兼務
1948（昭和23）	30歳	12月15日、文部教官を兼職しながら仮釈放予測研究、数量化理論の開発に着手。これにより、数量化第Ⅱ類の開発（～1950）
1949（昭和24）	31歳	8月、「日本人の読み書き能力調査」（サンプリング、数量化Ⅰ類の開発〔～1951〕）。朝日新聞社世論調査室への指導開始、選挙予測に参画。12月15日、文部教官を兼職しながら（～1953）、国立教育研究所研究調査部
1951（昭和26）	33歳	6月1日、統計数理研究所研究第三部長
1952（昭和27）	34歳	「心理学研究における数量化の研究」（髙木貞二編）。池内一、梅岡義貴、印東太郎などの研究グループに参加、ガットマン・スケールを知る。「米仏文化に対する態度調査」で数量化Ⅱ類を今日の形に拡張、さらに国鉄保線区員の調査で数量化第Ⅲ類の開発
1953（昭和28）	35歳	8月、「国民性調査の研究」開始。焼失した東中野の家が復元し、長兄家族が住み、母・姉と知己夫は武蔵野市三鷹台の家に移住
1954（昭和29）	36歳	10月、大内賞受賞
1955（昭和30）	37歳	4月、倉敷の大橋財閥令嬢大橋玲子と結婚。これまで住んでいた三鷹台の母と姉の家の隣に新居を構える。9月、統計数理研究所第二研究部長
1956（昭和31）	38歳	1月20日～5月15日（116日）、海外研究生としてロンドン大学に派遣される。ロンドンに到着する前に、イスラエル（ヘブライ大学、イスラエル政策研究所を訪問し、目当てのガットマンを尋ね

		るが不在、その足でトルコのイスタンブール大学（ナチス・ドイツに追われたフォン・ミーゼスやライヘンバッハが一時教鞭をとっていた）へ立ち寄り、そこからロンドンへ向かう。スウェーデンに立ち寄り、最後にアメリカへ渡り、ガットマンと会い、3カ月の短期間の留学を終えて帰国。身重の玲子を実家に預けての海外研究派遣であった。3月に長男佐知夫が誕生、6月に「定質的なるものの数量化における統計数理的方法」で、東京大学より理学博士の学位を授与される。
1957（昭和32）	39歳	数量化Ⅲ類の開発（缶詰めラベルデザインの研究、友人佐藤敬之輔の依頼により考案）。AOR（Asahi Operations Research）マスコミ接触調査。日本医科大学木村内科と心電図の解析の共同研究開始。12月、次男由己和誕生
1958（昭和33）	40歳	4月、第五代統計数理研究所所長に末綱恕一が派遣される。
1962（昭和37）	44歳	「循環器と健康診断に関する研究」に参画
1963（昭和38）	45歳	NHK放送文化研究委員（～1969）
1964（昭和39）	46歳	『市場調査の計画と実際』共著出版、数量化理論の計算プログラム（NBC）を開発し、森永製菓、NHKに販売
1965（昭和40）	47歳	林業統計研究会長（～1984）。野うさぎ生息調査開始。3月、日本放送協会放送文化賞受賞。10月、緑内障手術
1966（昭和41）	48歳	7月、中小企業庁 国内調査研究員（1年間）。野兎研究会の設立
1968（昭和43）	50歳	統計数理研究所建て替えで仮庁舎へ。6月6日、母千世死去
1969（昭和44）	51歳	3月、学術審議会専門委員。7月、厚生省厚生統計協議会委員（～1971）。10月、研究所新庁舎完成引っ越し
1970（昭和45）	52歳	NHK放送文化輿論研究委員会委員（～1986）。9月1日、ガットマン夫妻来日（～10月15日）
1971（昭和46）	53歳	2月、学術審議会専門委員。第1回「ハワイ日系

		人調査国際比較調査」の魁、数量化Ⅲ類（パターン分類）により考えの筋道の発見、数量化Ⅲ類の有効性に開眼
1972（昭和47）	54歳	2月、『野兎を数える』映画撮影（NHK）。科学基礎論学会理事長（～1984）
1973（昭和48）	55歳	日本色彩研究所理事（終身）。日本行動計量学会初代理事長（～1989）
1974（昭和49）	56歳	2月、姉淑子死去。3月、統計数理研究所所長就任（～1986）。8月6日、末綱如一死去。『数量化の方法』（東洋経済新報社）を刊行
1975（昭和50）	57歳	1月、国語審議委員（～1981）。US-Japanセミナー（多次元尺度解析および関連手法）。日本マーケティング協会理事。12月1日～9日、フィリピンへ出張、東南アジアの文化摩擦視察
1976（昭和51）	58歳	イギリスの統計数理学者フィニー 来日。英国王立統計協会名誉会員（Honorary Fellow）疫学統計専門委員（～1977）。「日本人の態度基底構造の多次元尺度構成の研究」（俗に「お化け調査」〔～1978〕）
1977（昭和52）	59歳	3月9日～22日、アメリカ合衆国へ出張。4月、国語審議会委員（～1979）。（財）動脈硬化予防研究会理事（終身）
1978（昭和53）	60歳	10月26日～11月11日、ドイツ連邦共和国へ出張
1979（昭和53）	61歳	2月、総理大臣大平正芳の政策研究会・多次元化社会の生活関心研究グループ議長（～1980）。3月、国語審議会委員（～1986）。6月、（財）日本マーケティング協会理事（1986年より常任理事、終身）。10月15日～26日、フランス、ベルギーへ出張、フランスの統計学者ベンゼクリと会う。野兎研究会会長（1991年より森林野生動物研究会）。あたごコンサートに参加（～2002年6月）し、フルートを吹奏
1980（昭和54）	62歳	アメリカ人統計学者クラスカル来日。日本計量生物学学会会長（～1986）、およびBiometric

		Society 日本支部長（～ 1986）
1981（昭和 55）	63 歳	6 月、日本学術会議統計学研究連絡委員会委員（～ 1987）。11 月、国立教育研究所評議会評議員（～ 1985 年）。紫綬褒章受勲
1982（昭和 57）	64 歳	2 月、学術審議会専門委員（科学研究費分科会〔～ 1986〕）。3 月、国語審議会委員（～ 1984）。9 月、科学史・科学基礎論研究連絡委員会会員（～ 1987）
1983（昭和 58）	65 歳	日本分類学会会長（～ 1986、1991 ～ 1992、1992 ～ 1999）
1984（昭和 59）	66 歳	4 月、放送大学客員教授（1 年間）。『調査の科学』講談社ブルーバックス。国際計量生物学会日本開催。フルートからフレンチホルンに替える。 世界的フォルン奏者デニス・ブレインのレコードを熱心に聴きながらの独学
1985（昭和 60）	67 歳	7 月、日本学術会議会員、日本統計学会会長（～ 1986）。日本世論調査協議会会長（～ 1999）
1986（昭和 61）	68 歳	統計数理研究所名誉教授、放送大学教授（～ 1996）。（財）日本マーケティング・リサーチ協会顧問（1999 年から参与。終身）
1987（昭和 62）	69 歳	日仏科学協力セミナー開催（第 1 回 東京、第 2 回 モンペリエ（1992）。7 カ国の国民性調査開始（連鎖的比較調査分析法の確立へ）、調査対象国（日本・アメリカ・イタリア・フランス・ドイツ・イギリス・オランダ）。渋谷区桜ヶ丘のマンションの一室を仕事場として、専ら海外の調査研究に力を入れ、多くの研究者の溜り場となった。10 月 25 日、ガットマン死去（71 歳）
1989（平成元）	71 歳	勲二等瑞宝章受勲
1991（平成 3）	73 歳	放送大学客員教授（～ 1996）。ブラジル日系人調査開始
1992（平成 4）	74 歳	（社）輿論科学協会会長、（株）原子力安全システム研究所社会システム研究所顧問（終身）
1996（平成 8）	78 歳	国際分類学会大会（IFCS）、神戸にて開催
1997（平成 9）	79 歳	日本統計学会賞受賞

1998（平成 10）	80 歳	IFCS（国際分類学会連合）会長（～ 1999）
1999（平成 11）	81 歳	アメリカ西海岸日系人調査
2000（平成 12）	82 歳	ドイツへ夫妻で海外旅行を楽しむ
2001（平成 13）	83 歳	6 月 1 日、『データの科学』朝倉書店より出版。本書を吉野諒三に託して水野坦のもとへ届けさせる。裏表紙に「やっとここまできました」と毛筆で書かれてあったという（水野坦はその 2 年後の 2003 年 9 月に逝った。林知己夫亡きあと 1 年後であった）。9 月 11 日、アメリカ同時多発テロ発生。9 月 14 日、心臓機能障害で日本医科大学に緊急入院。日本行動計量学会第 29 回大会（甲子園大学）での基調講演を初めてキャンセル
2002（平成 14）	84 歳	5 月 11 日、日本行動計量学会シンポジウム「データの科学と調査法」講演。6 月 8 日、「あたごコンサート」でホルンを吹奏（「アルハンブラ宮殿の思い出」）。7 月 6 日、『林知己夫著作集』第 1 回刊行委員会開催（この刊行委員会の席上、6 月 29 日に、3 度目の入院が報じられた。刊行のために用意された林知己夫直筆の著作集リストのコピーが委員に配布された）。集中治療室でも原稿の推敲をしていた。8 月 6 日、多臓器不全で逝去。 没後、正四位叙位。9 月、桜庭雅文との共著『数字が明かす日本人の潜在力――50 年間の国民性調査データが証明した真実』が講談社より出版される
2004（平成 16）		11 月 30 日、『林知己夫著作集』全 15 巻（勉成社）出版される

著者紹介

丸山久美子（まるやま　くみこ）

東京都出身。青山学院大学大学院心理学修士課程、統計数理研究所統計技員養成所専攻科修了。東京大学大学院教育心理学研究科特別研究生。国際交流基金特別長期派遣留学生として、米国イリノイ大学に留学。

青山学院大学文学部助手・講師、盛岡大学助教授、教授、聖学院大学教授、ドイツ・ケルン大学客員教授（1995-96）、北陸学院大学教授などを歴任。

現在、聖学院大学名誉教授。林知己夫賞受賞（行動計量学会、2009年）。

著書：『心理統計学——トポロジーの世界を科学する』（アートアンドブレーン）、『臨床社会心理学特講——人間関係の社会病理』（ブレーン）ほか多数。

新曜社

林知己夫の生涯
データサイエンスの開拓者がめざしたもの

初版第1刷発行　2015年9月8日

著　者　丸山久美子

発行者　塩浦　暲

発行所　株式会社　新曜社
101-0051　東京都千代田区神田神保町3-9
電話（03）3264-4973（代）・FAX（03）3239-2958
e-mail：info@shin-yo-sha.co.jp
URL：http://www.shin-yo-sha.co.jp/

印　刷　メデューム
製　本　イマキ製本所

ISBN978-4-7885-1446-1　C1041